高校田径运动教学与科学训练研究

邓 金 ◎ 著

北方联合出版传媒（集团）股份有限公司

辽宁科学技术出版社

图书在版编目（CIP）数据

高校田径运动教学与科学训练研究 / 邓金著.
沈阳:辽宁科学技术出版社,2024.8. -- ISBN 978-
7-5591-3796-8

Ⅰ. G820.2

中国国家版本馆 CIP 数据核字第 2024GY8134 号

出版发行：辽宁科学技术出版社
      （地址：沈阳市和平区十一纬路25号　邮编：110003）
印　　　刷：北京虎彩文化传播有限公司
经 销 者：各地新华书店
幅面尺寸：170mm×240mm
印　　张：14.5
字　　数：250千字
出版时间：2024年8月第1版
印刷时间：2024年8月第1次印刷
策划编辑：王玉宝
责任编辑：修吉航
责任校对：王丽颖

书　　　号：ISBN　978-7-5591-3796-8
定　　价：88.00元

前　言

    田径运动是最古老的运动项目，也是目前世界上衡量一个国家和地区体育运动水平高低的重要标准。在高校跨专业选修学分等背景之下，体育专业特色里的教学与训练等愈加被人们所重视。在倡导提高人文素养的今天，对高校田径运动的理论与实践的探讨仍有其必要之处。本书既把握整体，又突出重点，对相关理论予以阐述，可以让读者对高校田径运动有一个全面了解，不仅有相应的理论意义，还具有一定的实际价值。

    本书主要包括以下内容：高校田径课程设置及教学发展概况、高校田径课程设计的学科理论基础、高校田径课程体系的科学设计、高校田径教学的科学原理与指导、高校田径体能素质训练、高校田径走跑类项目教学、高校田径投掷类项目教学、高校田径投掷类项目训练、高校田径走跑类项目训练、高校体育教学中的应急处理——运动伤病与防护。整体上说，本书是在参考大量文献的基础上，结合作者多年的教学与研究经验撰写而成，全书内容丰富、逻辑清晰，希望可以为广大读者提供一定帮助。

    在撰写本书的过程中，我们得到了许多专家学者的帮助，同时参考了许多相关的文献，在这里表示真诚的感谢。同时，限于水平，书中仍然不免会有疏漏与不足，请广大读者批评指正。

目　录

第一章 高校田径课程设置及教学发展概况

田径作为一项基础性的运动项目，是高校体育教学的重要教学内容。田径运动包含的项目是最多的，其在高校体育教学内容中所占的比重也是最大的。为了更好地了解高校田径课程及其教学，本章对高校田径课程设置的现状以及高校田径教学改革与发展进行了分析和探索，使读者能对高校田径课程及教学的发展状况有一个基本的掌握，这也为后续高校田径课程设计及教学实务的开展奠定了坚实的基础。

第一节 高校田径课程设置的现状

近年来，我国高校体育教育发展速度显著，所取得的体育教育教学成效也较为理想。但是，高校体育教育所面临的挑战以及存在的问题也仍然存在，制约着体育教育教学的进一步发展和完善。田径作为体育教育教学的重要组成部分，其课程设置情况也是如此。下面就对当前高校田径课程设置的现状加以分析和阐述。

总的来说，我国高校田径课程设置方面是较为落后的。田径课程设置始终保持着之前的状态，其与不断发展的高校体育教育教学的适应程度逐渐降低，从而也导致了一些问题的产生。

一、对田径课程认知状况分析

（一）学生对田径课程的认知状况

调查发现，喜欢田径课程的学生只有四分之一左右，还有很少一部分学生只喜欢田径运动但不喜欢田径课，只有很少一部分学生对田径的价值是持肯定态度的，大部分的学生对田径课程没有兴趣。由此可见，学生对田径课程的看法不同，但是，田径运动健身价值很大，是一切体育项目的基础，也是身体素质得以提高的重要手段，这一点是不可否定的。田径课程之所以不被学生所普遍感兴趣和喜欢，主要原因在于传统的田径教学过于偏重竞技性和技术性方面，使学生产生了田径教学形式单一、没有创新的感觉。再加上田径教学过程中的运动负荷过大，会给学生的生理和心理造成一定的负担，技术性要求高：田径项目只是一味地重复、机械地模仿，难以发挥自己的主动性和创造性。这些对于学生参与田径课程教学的积极性都是不利的。

（二）体育教师及领导（行政管理人员）对田径课程的认识

调查发现，大部分的体育教师或领导（行政管理人员）都觉得田径课程是非常重要或比较重要的，仅有很少的一部分人认为是不太重要或很不重要。这也反映出了田径课程在我国高校中应该是一门重要的体育课程，不能减少或取消。

另外调查还发现，大部分体育教师、领导（行政管理人员）在高校体育课程中开设田径课的必要性方面持肯定态度，只有很少的一部分人认为田径课程的开设是没有必要的。这也反映出了在我国高校体育课程中，田径课程是应该开设的，人们对田径项目的重视程度也比较高。

二、我国高校开设田径课程的现状分析

通过对高校是否开展田径教学课程的调查发现，高校田径课程的开设情况不容乐观。关于我国高校开设田径课程的现状分析，可以从以下几个方面着手来加以探索。

（一）田径课程开课形式状况

调查发现，大部分的高校已经开设了田径课程。大部分高校的开课形式为一年级为必修课，二年级为选项课，三、四年级为选修课；四分之一左右的高校开课形式为一、二年级为必修课，三、四年级为选修课；少部分高校的开课形式是一、二年级为选项课，三、四年级为选修课；还有很少一部分高校开课形式为大一男生开设为必修课，女生则不开设

田径课。由此可以看出，在开设田径课程的高校里，田径课程所受到的重视程度还是比较高的。

另外，通过对调查结果的分析得知，如果将田径课程作为必修课，那么学生就没有任何选择权，而如果将田径课程作为选修课，则会面临一些问题，比如开设的田径选修课程因报名人数不够最后取消课程等。此外，作为选修课，应开设哪些田径运动项目、学校教学场地器材是否充足等因素也会对田径课程的开设及实效产生影响。

（二）田径课程的内容设置现状与分析

田径课程可以分为理论课和技术课两种形式。总体上来说，田径课程内容主要为传统的教学内容。这里主要针对理论课和技术课的情况来加以分析。

1.田径理论课设置状况

《全国普通高等学校体育课程教学指导纲要》（以下简称《纲要》）中明确指出："重视理论与实践相结合，在运动实践教学中注意渗透相关理论知识，并运用多种形式和现代教学手段，安排约10%的理论教学内容（每学期约4学时），扩大体育的知识面，提高学生的认知能力。"调查发现，在开设田径课的高校里，开设有田径理论课的高校占大多数，只有很少部分的高校没有开设田径理论课。我国在田径理论课方面能够保持4学时以上的只有少数高校，大部分高校达不到这一标准。由此可见，我国重视田径理论课教学、符合《纲要》精神的高校数量还是比较少的，大部分高校忽视了田径理论课的教学，并没有开足理论课学时数，这不仅不利于学生技术课的学习，而且还会对学生体育文化素养的提高产生制约作用。

（1）田径理论课内容状况：通过对开设有田径理论课的高校的调查发现，目前，高校田径理论课的教学中所涉及的内容主要有田径运动简介、田径运动特点及锻炼价值、现代田径运动发展趋势、田径新规则讲座等。其中，处于主导地位的主要是田径运动简介、田径运动特点及锻炼价值等内容，同时，这也是大部分高校田径理论课程所涉及的内容，但只有这些是远远不能满足大多数学生对田径运动理论学习的基本需求的。

（2）田径理论课授课形式状况：调查发现，各高校采用的主要都是集中授课的形式，只有极个别的高校辅以看录像、专家讲座等形式。随着高校体育教学改革的不断深入，一些新的田径理论教学手段和方法不断被引进，其中，运用多媒体进行田径理论教学是田径理论课程教学方法改革的手段之一。这种新型的授课方式能够以教材内容为依据，制作大量的动画、图片等课件，还可以拿国家或国际优秀运动员的录像让学生观摩，这就赋予了田径课程教学更加显著的直观性、形象性、生动性等特点，视觉和听觉效果都有所增强，同时，这对田径理论教学质量的提高也是非常有帮助的。

（3）田径理论课考核形式状况：田径理论课教学结果如何，通常是需要借助相应的考核得知的，同时，这也是检验教师教学质量及学生学习效果的重要手段。调查发现，田径理论课程考核采用的考试形式主要有闭卷与开卷两种。这种考核形式能有效敦促学生进一步阅读和理解教材，促进对田径基本理论知识的掌握和巩固。

2.田径技术课设置状况

关于高校田径技术课的设置状况，可以从教学内容、教学组织形式、教学方法及手段等方面着手来加以分析。

（1）田径技术课教学内容状况：目前我国高校田径技术课的内容主要有短跑（接力跑）、中长跑、跳远、铅球等，也有很少一部分高校开设了跳高、跨栏、标枪等内容，从选择的项目看，所开设的这些项目的教学内容基本上能保证学生跑、跳、投能力的全面发展。

从总体上来说，我国高校田径课程所设置的内容方面具有"偏旧"的显著特点，同时也具有"简单化"的特点，这就导致了就项目学项目的单一局面，造成选择内容的单一、枯燥、学生积极性不高的状况。

（2）田径技术课教学组织形式状况：田径课程教学组织形式，实际上就是以实现田径课程教学目标为目的，以教材内容特点、学生具体情况、教学环境为依据所采用的适宜的教学方式。对田径课程教学效果产生决定性影响的因素有很多，教学组织形式的安排是其中之一。某种意义上，教学组织形式与教学方法都处于同等重要的地位。恰当的教学组织形式与灵活多样的教学方法，对提高教学效果、培养学生兴趣以及实现教学目标都有着非常重要的作用和意义。

《纲要》规定："根据体育课程的实际情况，为确保教学质量，课堂教学班人数一般以30人左右为宜。"调查发现，田径技术课上课的教学班人数为25～30人的有近半数，这是与《纲要》相符的，如此一来，就能为学生技术课的开展提供充足的场地器材，训练机会也会比较多；对于教师来说，能够对全体学生都有所照顾，所提供的指导也能涉及全班学生。但是，那些田径课人数超过30人的，就无法为学生提供良好的教学环境和更多的练习机会，更不用说要保证上课的质量了。

（3）田径技术课教学方法及手段状况：对于田径课程教学来说，教学方法和手段是必不可少的重要方面，缺少了这两个方面，教学内容就无法得到传授，教学质量更是无从谈起了。调查发现，绝大部分的体育教师是比较满意当前的田径课程教学手段的，由此可见，当前田径课程教学手段还是比较合理的，这与教师的工作态度及教学水平等是分不开的。

田径课程教学任务的实现，是需要通过科学合理的教学方法才能完成的。可以说，教学方法是使教师的教和学生的学相统一所采取的途径和程序。在田径课程教学过程中，积极的富有活力的教学方法能够对教学过程的优化起着积极的促进作用。教师的教学方法与学生的学习方法有机结合起来，才能更好地保证教学效果。

（三）田径课程项目设置及教学时数状况

对于高校体育来说，田径课程处于基础性内容的地位。要想保证教学内容的全面审视，必须有充足的学时。但是，调查发现，开设田径课的高校所开设的项目通常都涉及短跑（接力跑）、中长跑、跳远、铅球等项目。另外，由于田径运动项目在技术要求方面具有一定的局限性，因此，这就导致一些高校会根据本校的特色开设其中项目，还有学校会针对体育测试来进行田径项目的选择。

对高校田径课程学时方面的调查发现，田径技术课的教学时数一般为12～20学时，每个项目的平均学时不超过5学时。但是，大部分高校每周通常只有1节田径课，会占用2学时；每周2节甚至2节以上田径课，则只有很少的高校开设。由此可知，我国大部分高校田径技术课学时数都是比较少的，甚至有些只是摆设，根本无法满足田径课程教学实施的需要，田径课程的教学内容无法得到全面实施，系统的田径教学是不可能得到保证的。

通过对田径理论课学时数的情况调查发现，在开设有田径理论课的高校里，绝大部分的高校每学期会设置2学时理论课，只有极少部分的高校每学期开设田径理论课的学时只有1学时。由此看出，田径理论课普遍存在着学时数太少的问题。

另外，由于田径课程有理论课和技术课两种类型，这两种类型课程学时的安排也引起了关注。为此，有研究者发起了"田径理论与技术课学时数是否合理"的调查，结果发现，大部分教师对目前田径技术课与理论课学时数的安排是持肯定态度的，认为这是较为合理的，但也有少部分教师认为它们的比例一般，只有极少数的教师觉得是不合理的。通过对这方面的不断调查和分析发现，田径技术课与理论课学时数保持在7:3的比重是较为合理的。究其原因，主要是由于理论指导实践，理论课教学是提高大学生体育文化素质的主渠道，要加强田径理论的教学，首先就要保证足够的理论课时，另外还要增加田径健身知识的内容。

通过专家访谈及问卷调查发现，学校领导的重视程度不足、学生对田径内容的学习积极性不高、学生对田径理解的程度不够、田径课程枯燥无味、场地器材短缺等是导致田径课程课时安排少的主要原因。

综上所述，我国高校田径课程设置存在着改革意识不强、包括课程设置在内的课程建设比较保守等问题，从而导致人才培养目标与实际社会需要不符的情况发生。另外，高校田径课程设置有着较大的局限性，由于没有全面考虑影响因素，课程设置比较严谨也比较保守，灵活性方面却较为欠缺。

第二节　高校田径教学改革与发展

一、提高田径教育思想认识，建立新的教学理念

（一）提高田径教育思想认识

从高校各级领导自身的角度出发，首先要对田径教育的生理价值和意义有一个正确的态度和认识，切实提高自身在这方面的思想认识，做好田径课程设置和教学目标的科学规划，合理统筹田径教育教学资源，在田径教育规划、教育经费投入以及教学组织等方面为田径教育教学建设发展提供保障和服务。

（二）积极转变传统滞后的田径教学观念

作为田径教学中的主导，体育教师要积极转变传统的应试教育观念，在选择和涉及教学内容、教学形式时，成绩不再是唯一的参照标准，而是要以实现帮助学生提升各项综合素质为教学重点。

田径教师教学观念的转变，能够为学生提供更具实用性、更有利于学生掌握田径项目的教学内容，运用更加合理的教学方法，为学生更好地掌握田径知识和技术动作提供帮助。

（三）建立新的田径教学理念

在高校田径教学过程中，田径教学的体育教师必须不断更新自身的教学理念，才能保证其所实施的教学行为得到有效升级。体育教师一定要始终将学生的主体地位放在中心位置，并且从思想意识上对素质教育理念进行有效的践行。

新时期下，高校体育教师要根据教学改革，在田径课程教学过程中，建立新的教学理念。具体可以从以下几个方面着手。

（1）在田径课程教学中，体育教师要分别对待体育专业学生和非体育专业学生，从教学内容上，前者的教学重点放在技术培养训练上，而后者的教学重点则主要是身体素质锻炼。

（2）从事田径教学的体育教师，要区别对待不同学龄段的学生，并且选择与之相适应的田径运动时长、运动强度、运动范围等。对于高校学生来讲，田径教学中要以原有田径标准为依据，结合学生的实际情况来适量增加运动时长。

（3）田径教师要在原有的教学理念上加以创新，将"以人为本"的教学意识建立起来，对学生实际情况进行充分考虑，并且要在原有理念基础上，提升自身学习意识，增强体育教学专业，从而适应新时期下高校体育田径教学的全新改革。

二、优化"以学生为本"理念和教学模式的融合

只有将高校田径体育教育和"以学生为本"的理念进行有效融合，教师对整体教学机制和结构进行实际的推进才有可能得到保证。

在传统的教学机制中，教师所强调的重点通常只放在相应的教学知识以及教学效果上面，却忽视了学生的真正诉求，由此，就会导致学生对田径教学没有建立有效的认知。

将"以学生为本"理念应用于田径教学过程中时，对于体育教师来说，其首先要有效升级学生的田径专项运动能力，同时，也要做好学生心理以及价值观的有效疏导和教育工作，从而使学生的体育能力在得到优化的同时，也能将其体育精神充分展现出来，培养其更加坚韧的意志品质。

除此之外，在田径教学的过程中，体育教师要积极拓宽自身的教学思路，建立有效的趣味性教学，保证有效地激发学生的学习兴趣，借助于积极的鼓励措施，来使学生在田径教学过程中和教师建立更加有效的互动，真正实现"以学生为本"理念的落实。

三、尊重并有效落实学生的主体地位

传统的体育教学尊崇的是教师这一"主角"的主动教和学生这一"配角"的被动学，现代高校田径教学则需要打破这一传统，将学生的主体地位充分彰显出来，为学生创造更多上台"表演"的机会，让更多的学生真正参与到田径教学活动中去。

在田径教学过程中，要尽量积极、多次地征求学生的意见，尽可能将他们感兴趣的运动方式找出来，并与适宜的教学方式相结合，从而使学生参与田径教学活动的积极性得到有效提升。

四、全面培养和提升体育教师的综合素养

在田径教学中，体育教师处于重要的主导地位，体育教师的综合素质和能力是完成田径教学的重要保障。高校田径教学的可持续发展与基层体育教师的工作是密不可分的，高校田径教学所面临的困境，必须借助于体育教师们群策群力才能得到妥善解决，这也是培养和提升教师的综合素质和能力的重要原因。具体可以从以下几个方面着手。

（一）做好高校田径教师的选拔、培训工作

首先，高校要将严格的田径教师选拔标准明确下来，并且选取具有专业理论知识深厚、教学经验丰富、教学实践指导能力强、有工作经历、学历层次合格的教师作为指导高校田径教学的后备资源。需要注意的是，田径教师的选拔会对田径教学的质量和效果产生直接影响，一定要高度重视。

在高校田径教师的培训方面，要进一步加大力度，通过各种途径来为田径教师提供有力平台，促使他们与时俱进，学习先进的理论知识。同时，要培训他们能够在教学手段上不断创新、学习先进的信息技术，并加强对其进行思想道德教育，将教师无私奉献的精神充分彰显出来，提升高校田径教师的教学核心素养。

（二）进一步丰富田径教师资源

要想真正从根本上解决这一问题，须从学校现有的体制上给予重视。

对于各个高校来说，要想有效丰富田径教师资源，首先要对高水平体育教师的缺乏有足够的了解和认识，在此基础上，从学校内部不断培养体育骨干，与此同时，也要不断引进人才。学校现有的体育教师也要从自身出发，不断充实自己，积极提升自己的专业知识。

除此之外，从高校的角度出发，要采取各种积极的鼓励政策，促使田径教师积极创新教学方法，培养新的教学理念，与此同时，也要积极建立有效的教师培训机制，积极给予其培训机会，提供丰富的学习资源。

（三）要不断充实自己，做到与时俱进

高校体育的发展改革是与社会发展相适应的，这就要求体育教师的知识和技能也要不断更新、充实，做到与时俱进。对于处于基层的田径教师来说，在做好相关的体育教学培训工作的同时，也要不断增强自身的专业知识和相关的学科知识，要对相关学科的前沿研究动态有所了解，并且不断进行吸收、总结、归纳和研究，从而使自身的科研能力得到有效提升。同时，还要学会运用现代技术和方法，以科学实效的理论来指导体育教学工作。"教师学习，提高业务能力要走出去"。

五、创新、优化田径教学内容和教学方法

（一）田径教学内容的拓展

当前，高校田径教学内容主要涉及跑、跳、投等这些竞技性质的运动项目，这些项目普遍存在着技术难度较大、对学生身体条件要求较高、缺乏趣味性等特点，会导致许多学生逐渐丧失对田径运动的兴趣，望而生畏。这就需要适当调整并改进这些项目，使其在保留项目原有特色的同时，降低难度，增加趣味性，并且适当弱化竞技性，从而激发起学生参与田径教学活动的兴趣。

对于田径教师来说，其要积极发挥勇于变革的精神，致力于帮助学生找到适合其自身特点的兴趣爱好，将那些健身性、娱乐性、团体性特征较为显著的运动项目引入田径教学的内容中来，针对现有的教学内容要积极挖掘、分析、改造、创新，运用多种田径教学素材，从而使学生的各种不同需求都尽可能得到满足。

（二）田径教学方法的优化改革

在教学方式的运用和教学内容的设置上，一定要对其趣味性加以重视，因为"兴趣是最好的老师"。一定要引起学生的兴趣，才能再从课堂上逐渐提升学生对田径的认识和认知程度。同时，还要注重为学生营造良好的田径学习氛围，将学生的身体健康和田径教学有效地结合起来，将学生的实际情况作为重点考虑的因素，尊重学生的真实想法，根据学生在田径教学中的实际表现，提出针对性的解决方案。

面对新时期下体育教学改革，高校田径运动教学要摒弃传统教学方式，创新改革方法，以此来积极提升学生的学习兴趣，从而使田径教学质量得到有效保证。

关于高校田径教学方法的改革创新，主要体现在以下几个方面。

1.分层教学

在高校田径教学中，不同学生在身体素质、田径运动基础、理解能力、学习能力等方面都存在着一定的差异性，这也就决定了他们的学习效率也是参差不齐的。鉴于此，为了全面提高学生的田径运动水平，统一教学已经不再适用，需要采用分层教学法。具体来说，就是以学生的个体差异为依据，有针对性地安排教学目标，也可以将其理解为因材施教，这是其本质所在。

2.多媒体教学

在高校田径教学中运用多媒体技术，能够增加教学的趣味性，同时也能使学生学习的积极性和主动性得到有效提升。另外，教师还可以通过多媒体向学生讲解一些教材中未涉及的知识，如田径职业运动员的训练视频、国内外知名的田径场与田径赛事等，这就进一步拓展了田径教学知识，对学生来说，趣味性也得到了提升。

3.游戏教学

田径运动相较于其他球类、游泳、健美等项目，枯燥、单一、无趣的特点更加显著，从而限制了学生积极参与其中。而游戏教学方法的应用，则大大增加了田径教学活动的趣味性和娱乐性，真正做到让学生在"玩中学"。

4.信息化教学

当前，已经处于信息化时代，信息技术的应用已经较为普遍，因此，将网络技术广泛应用于包含田径教学在内的体育教学已经很常见了，并取得了显著的成效。网络技术不仅能在文化课方面起到显著的促进作用，其在田径教学的实践中也有着非常显著的作用。例如，教师可以通过田径教学云平台开展以"教学资源共享"为主的网络教学；可以通过微信群、QQ、钉钉直播等网络社交软件开展以"即时教学交流"为主的网络教学等。除此之外，教师还可以通过大数据、云计算、人工智能、虚拟现实等信息化技术开展田径教学，以进一步提高田径现代化教学的整体水平。

六、建立完善、多元化的田径教学评价体系

当今时代具有多元化的发展特点，因此，在这样的背景下，高校田径教学评价体系也要将多元化的特征体现出来。

从评价主体方面来说，应积极采取教师评价、学生自评、学生互评等多种评价方式，在尊重学生在教学评价中的主体地位的基础上，使评价成为教师与学生平等交流、互动、沟通的桥梁。

从评价方式上来说，一定要高度重视评价方式的动态性、多样性，有效采取多种评价方法相结合的方式。

从评价内容上来说，要对学生的田径运动成绩，以及学生的身心健康、创新精神、体育情感、心理素质进行同等关注和重视，同时，还要以学生的个性发展特点为出发点来确定评价标准，充分肯定学生在教学评价中的主体地位。

七、优化、创建良好的田径教学环境

在高校田径教学过程中，体育教师首先要为学生提供一个相对完善的教学环境，因为只有良好的教学环境和氛围，才能让学生在学习和运动过程中体会到田径运动带来的身体和精神上的愉悦感。田径教学中，学生的身体及认知能力的发展会非常快，田径运动等于为他们创造了一个"高级的模拟环境"，在这一过程中，能够有效提升学生的身体素质。

因此，这就要求必须努力改善当前的田径教学环境。教学环境的优化是在学校现有条件的基础上进行的，具体来说，就是要求学校将现有的场地资源充分利用起来，给予学生更好的锻炼环境。除此之外，学校需要定期维护体育设备，对于老化的器械及时进行维修和更换，以确保学生的学习安全。

八、努力提升学生自身的素质水平

要努力提升学生自身的素质水平，这里所指的素质，既包括身体素

质，也包括心理素质。

对于学生的身体素质方面，教师可以利用因材施教这一教学方法和教学原则，对不同的学生运用不同的教法。通过对学生实际情况和需求的了解，针对性地制定出适合不同个体的教学和训练计划，合理安排训练负荷和训练密度，以循序渐进的方式带领学生们进行课堂学习，逐渐增强体质。

对于学生的心理素质方面，各高校可以通过心理健康课程来对高校学生的心理进行优化。优化学生心理素质所涉及的内容主要有智能、非智力因素、人际关系、环境适应、健康人格等各个方面，培养学生良好的心理素质、积极进取的精神品质。

第二章 高校田径课程设计的学科理论基础

高校田径课程的设计不是盲目的，而是需要一定的理论做指导，如此设计出的课程教学方案或计划才具有一定的可行性，为教学质量的提高奠定良好的基础。关于高校田径课程设计的学科理论，主要包括教育学、哲学、课程论和系统论等几个方面的内容，本章就对此作出重要的研究与分析。

第一节 高校田径课程设计的教育学基础

高校田径课程属于学校教育的重要内容，因此，学习与掌握教育学理论知识是尤为必要的。在教育学相关理论的指导下，才能做好田径课程设计方面的工作，从而保证高校田径教学的健康发展。

一、教育学基本理论

（一）人本主义理论

1.人本主义理论的概念与内涵

人本主义理论是美国当代心理学主要流派之一，由美国心理学家A.H.马斯洛创立，现在的代表人物有C.R.罗杰斯。人本主义反对将人的心理低俗化、动物化的倾向，也被称为心理学中的第三思潮。

人本学派强调人的尊严、价值、创造力和自我实现，把人的本性的自我实现归结为潜能的发挥，而潜能是一种类似本能的性质。人本主义最大的贡献是看到了人的心理与人的本质的一致性，主张心理学必须从人的本性出发研究人的心理。

该学派的主要代表人物是马斯洛（1908—1970）和罗杰斯（1902—1987）。马斯洛的主要观点：对人类的基本需要进行了研究和分类，将之与动物的本能加以区别，提出人的需要是分层次发展的。他按照追求目标和满足对象的不同把人的各种需要从低到高安排在一个层次序列的系统中，最低级的需要是生理的需要，这是人所感到要优先满足的需要。罗杰斯的主要观点：在心理治疗实践和心理学理论研究中发展出人格的"自我理论"，并倡导了"患者中心疗法"的心理治疗方法。人类有一种天生的"自我实现"的动机，即一个人发展、扩充和成熟的趋力，它是一个人最大限度地实现自身各种潜能的趋向。

2.人本主义理论的价值与影响

（1）人本主义理论的价值：人本主义教学思想关注的不仅是教学中认知的发展，更关注教学中学生情感、兴趣、动机的发展规律，"注重对学生内在心理世界的了解，以顺应学生的兴趣、需要、经验以及个性差异，达到开发学生的潜能、激发起其认知与情感的相互作用，重视创造能力、认知、动机、情感等心理方面对行为的制约作用"。

（2）人本主义的影响：人本主义强调爱、创造性、自我表现、自主性、责任心等心理品质和人格特征的培育，对现代教育产生了深刻的影响。马斯洛作为人本主义心理学的创始人，充分肯定人的尊严和价值，积极倡导人的潜能的实现。另一位重要代表人物罗杰斯，同样强调人的自我表现、情感与主体性接纳。他认为教育的目标是要培养健全的人格，必须创造出一个积极的成长环境。

（二）教学过程最优化理论

教学过程最优化是教育学理论体系中一项非常重要的内容。教学过程最优化理论出现于20世纪70年代初期，它是由原苏联教育家巴班斯基提出来的，这一理论一经提出就引起了当时教育界的强烈反响，至今仍然对学校教育产生着重要的影响。

1."教学过程最优化"的概念与内涵

在体育教学系统中，教学过程是极为关键的程序与内容，体育教学质量与效果的取得在很大程度上依赖于教学过程最优化。体育教学过程的最优化是指"教师有目的地选择一种确保教学过程的最佳方案。它能保证教师和学生在花费最少的必要时间和精力的情况下取得对该具体条件来说是最大收益的结果，使每个学生得到最好的发展，使教学达到最好的效果。这个效果反映在学生身上就是确保每个学生都获得适时、最合理的教养、教育和发展"。

通常情况下，体育教学过程的"最优化"主要包括以下几个方面的内涵，要想实现教学最优化的目标，这几个方面都是非常重要的。

（1）遵循体育教学的基本规律与原则。

（2）充分考虑体育教学环境与条件。

（3）制定与选择合适的教学方案或计划。

（4）合理地组织与管理体育教学过程。

（5）在规定的时间内，争取获得最大可能发展的效果。

以上就是体育教学过程最优化目标的五个方面，这五个方面是缺一不可的，要想保证体育教学的质量，一定要做好体育教学过程的优化，这是至关重要的。

2.教学最优化的具体实施

在确定了体育教学最优化的目标后，就要根据优化的目标展开各项实施工作。具体的实施工作应包括以下内容。

（1）结合学生的发展实际，全面分析教学任务，提出建议和对策。

（2）深入学生实际，确定体育教学组织内容。

（3）依据教学大纲突出体育教学的重点与难点。

（4）分析具体的体育教学条件，确定合理的教学方法。

（5）针对不同学生实施差异化教学。

（6）确定最优的教学进度，尽可能地取得最为理想的教学效果。

（三）有效教学理论

有效教学属于教育学中一个非常重要的理论内容。关于有效教学的概念，不同的专家有不同的见解和看法，但绝大部分的专家及学者都将有效教学的概念归纳为目标取向、成就取向和技能取向三个方面的内容，这一看法得到了众多教育学专家的认可。

关于有效教学，国内很多的教育学专家也有自己的看法，主要从以下几个方面来解释有效教学。

（1）利用经济学理论对有效教学的效果、效益、效率等进行阐释。

（2）有效教学的内涵集中体现在"有效"和"教学"两个方面，要从这两个方面对有效教学的概念作出界定。

（3）以学生发展为价值取向来界定有效教学。

（4）从表、中、深三个层面来阐述有效教学的结构。

二、相关的教育理念

（一）情感教育理念

心理学研究表明，人的情感会在很大程度上影响本身的认知活动、实践活动。在高校田径教学中，情感这个变量因素也对整个教学活动产生至关重要的影响。学生学习田径的动机主要来源于内在需要，在田径教学中教师要积极体察、开发学生的内在需要，如情感需要、认知需要等，并尽可能使学生的内在需要得到满足。

除此之外，体育教师还要认真思考与研究如何使学生对自己的运动潜力有一个正确的认识，如何激发学生的运动动机，如何鼓励学生以积极的情感参与田径练习，并克服消极学习情绪，如焦虑、自卑等。在田径教学过程中，情感教育是一个不可缺少的内容，将情感教育融入田径教学中，要对学生的学习态度、自尊、情绪及情感予以关注，对学生的个人发展需要、情感互动关系给予关注，这对学生的全面发展具有重要的意义。

体育教育的一个重要功能就是育人，"育人"是情感教育的关键，因此在田径课堂上实施情感教育时要重点对大学生的情感素质进行培养，促进其情感素质的提高。这里所说的情感素质指的是个体情性方面的心理素质，是个体在实践中受先天遗传因素、后天环境因素的共同影响而形成的积极的情感心理特征，大学生的情感素质具有相对稳定性，而且与大学生的年龄特征、心理特征相适应。情感素质包含了人际情感、道德情感、审美情感、理智情感、生活情感等多种多样、错综复杂的内容，这几个方面情感的培养非常重要，在平时的田径教学中需要引起重视。

（二）开放教育理念

开放教育这一理念起源于20世纪60年代，这一教育理念一经提出就引起了强烈的反响，如今也有着重要的地位。心灵开放是开放性教学思想的本质，可见开放教育理念具有重要的哲学意义。

在现代社会快速发展的背景下，科技在教育教学中的应用越来越普遍，现代化教育水平得到显著提升。在教育教学中树立开放教育理念是适应时代发展需要的重要体现，传统教育模式偏于教条化，相对较为封闭，活力不足，树立开放教育理念有助于改革传统教育模式，提高课堂教学的开放性，优化课堂教学效果。开放教育理念应贯穿于教学过程的始终，应体现在教育教学的各个方面，如教学目的、教学内容、教学环境、教学资源、教学方式、教学风格等教学要素都要体现开放性特征。

总体而言，开放教育理念的核心思想是"以人为本"，在高校田径教学中，要坚持以人为本，以学生为本，围绕学生实施开放性教学，探索开放的、与时代发展相符合的教学模式，这样才能促进教学质量的提高，促进学生的全面发展。

（三）创新教育理念

伴随着现代社会的不断发展，教育界提出了以改革传统教育模式为中心内容的创新教育理念。创新教育的内容比较丰富，包括发现教育、思想教育、人格教育、心理教育等，不管哪种教育，它的核心都是培养学生的创新创造能力。创新教育理念的提出与落实还充分体现了对素质教育理念的全面贯彻，能有效地促进学生创新能力的提高。

在具体的高校田径教学中，要将创新教育理念贯彻于整个教学过程的始终，体育教师在教学中要注意以下几点。

（1）体育教师要树立现代教育的先进思想，改革传统的灌输式教学形式，充分发挥自身的引导作用。

（2）体育教师要实现制定科学合理的田径教案，选择的教学内容要有利于激发学生学习的积极性，并设计与实施相应的新型教学方法，从而活跃课堂氛围，改善教学环境，在良好的教学环境下促进学生创新能力的提升。

（3）在平时的教学中，体育教师还应主动提升自己的教学能力、业务素养、综合素质，参加各种各样的培训活动，使自己的教学能力和综合素养达到素质教育理念、创新教育理念的要求，这对于学生创新能力的提升具有重要的意义和作用。

三、体育教育的过程

（一）确立体育教育目标

通常来说，体育教育主要有以下几个目标，这几个目标缺一不可，在体育教育中一定要引起重视。

（1）增强学生体质，促进学生身心健康。

（2）掌握体育知识和运动技能。

（3）培养学生的体育兴趣爱好和运动习惯。

（4）培养学生良好的心理品质，提高学生的人际交往能力。

（5）培养学生良好的责任感和危机意识，养成健康的生活方式。

（二）精选体育教学内容

体育教学的内容有很多，要想促进教学质量的提升，还需要精选出符合教育要求和学生发展的教学内容，在选择体育教学内容时要从以下几个方面进行选择。

（1）基本的身体活动动作。

（2）基本的运动技术。

（3）体育锻炼原理与方法。

（4）体育道德与礼仪知识。

（5）体育文化与保健知识。

（三）优选体育教学方法

体育教学质量的提高也在很大程度上受到教学方法的影响。科学合理的教学方法会促进体育教学质量的提高，因此，一定要重视体育教学方法的选择和优化。在体育教学方法的选择与优化中，要重点考虑以下几点。

（1）根据体育课的目的与任务来选择。

（2）根据学生的实际情况来选择。

（3）根据体育教学内容的特点来选择。

（4）根据体育教育方法的功能、适用范围及使用条件来选择。

（5）根据教师的教学能力和学生的学习能力来选择。

（6）根据教学时间和进度安排来选择。

（四）落实体育教学评价

体育教学评价是对体育教学过程、教学结果的价值判断，可评价教学过程中教和学的各个方面，包括对体育教师教学的价值判断和对学生学习的价值判断，评价方式有自评、互评、他评以及定性评价、定量评价等。

四、体育教育教学的规律

（一）身心并动规律

与其他课程教学不同，体育教学主要是通过身体运动的方式进行，学生要通过身体练习完成锻炼身体的任务，实现增强体质的目标，这是体育教学和其他学科教学的一个主要区别。由此可见体育教学具有身心并动的规律，这是体育学科的独特教育规律。田径教学作为体育教学的主要内容之一，教学过程中同样具有身心并动规律。田径教学中，教师的教学活动和学生的学习活动都是与思维活动、身体活动密切结合的，虽然身体活动更多一些，但居于主导地位的还是思维活动。

教师讲解教学内容是思维活动的主要表现，教师给学生示范体育动作和辅导学生练习是身体活动的主要表现。学生接收与理解教师传递的教学内容信息需要用脑思考，进行思维活动；学生观摩练习和模仿练习需要进行大量的身体活动。一般来说，田径理论教学中，思维活动多一些，田径实践教学中，身体活动多一些，师生的身体活动都是由思维活动主导的。在田径教学中，教师既要将各种田径项目的基本知识、技能原理传授给学生，又要使学生在身体活动中接受一定运动负荷的刺激，以促进其身体素质的提升。所以说学生接受的教育既有知识教育，又有身体教育。在田径实践课上，教师应对运动量、运动负荷、练习密度进行合理安排，从学生的身体素质和田径运动基础出发制定运动处方，以多样化的练习方式使学生体质得到增强，田径技能得到提升。体育教师要遵循身心并动的教学规律，合理选择舞蹈教材和筛选教学内容，有效实施多元化的教学方法和教学模式，发挥教学理论对教学实践的指导意义，使学生在课堂上多动脑，经过思考再练习，避免不加思考地盲目练习，否则会影响学习效果。学生在田径课上要多听，多看，多想，多练，将思维活动与身体活动密切结合起来。为了引导学生积极思考，教师要善于灵活运用启发式教学方式，启发学生的积极思维，使其深刻理解所学内容，在理解的基础上多学多练，提高学习效果。

（二）教、学、练结合的规律

在体育教学中，必须要遵循教、学、练结合的基本规律，这是体育教学的重要规律，破坏这一规律是很难取得理想的教学效果的。这一规律也是体育教学区别于其他学科教学的一个重要特征。田径作为体育项目之一，在田径教学中同样能够体现出教、学、练相结合的客观教学规律。

田径教学实践离不开身体活动，这也是体育教学的重要特点。在田径实践课上，教师要示范技术动作，同时配合语言讲解，将身体语言和口头语言紧密结合起来，从而向学生传授田径知识与技能，而这些教学内容又是他人的认识成果和研究成果。学生听教师讲课，观察教师的示范，对他人的认识和研究成果进行学习，这是间接学习方式。学生在观察后还要亲自进行各种形式的模仿练习和创新练习，从而在反复实践中提高自己的运动技能。

教师、学生是田径教学中的重要主体，缺少任何一个要素都难以构成完整的教学过程。有些教师只顾自己教，完成自己的任务，忽视了对学生学练时间的安排，导致课堂教学效果达不到预期。教、学、练缺一不可。教师通过教学传授知识与技能，学生通过学习继承这些成果，并通过课内外的不断练习来促进他人认识和研究成果的拓展与完善。总之，要想取得理想的教学效果，必须要将教、学、练紧密结合起来进行，要遵循这一教学规律，否则就难以取得预期的教学目标。

（三）五育并举规律

体育教学要注重德、智、体、美、劳的共同发展，这一观念符合当今体育教育的要求，也是田径教学的一个重要规律。现代学校教育倡导将德育、智育、体育、美育、劳育充分结合起来，学校教育的这五个方面缺一不可。对德智体美劳全面发展的合格人才进行培养，使其为国家建设做贡献，这是学校教育的主要目的。学校为国家培养合格人才的基本途径是教学，不管在什么情况下，具有教育学的教学活动都能发挥重要的教育作用，促进学生成长成才。

田径教学具有教育性，这是它的客观属性，也是必然属性。在田径教学过程中应遵循德智体美劳并进的规律，充分贯彻德智体美劳全面发展的教育方针，对思想教育、知识教育、美学教育、技术技能教育、劳动教育的关系有一个正确的认识，并妥善处理它们之间的关系。德育、智育、体育、美育、劳育五者密切相关，这是在田径教学中德智体美劳全面发展教育规律的具体表现。对德育、智育、体育、美育、劳育之间的辩证关系有了正确认识后，就能对田径教学中的发展身体、提升教养、提高知识水平等教学任务有正确的理解。这几个教学任务相互依存、相互促进，在教学过程中应将它们充分结合起来，具体某一方面的教学任务可根据教学需要、教学目标的不同而有所侧重，但不能只强调侧重的那项任务而忽视其他任务，要尽可能做到兼顾。这就要求教师在田径教学中不仅要传授舞蹈知识，提高学生的知识素养，还要合理安排技术课的运动负荷，以培养学生健康体质，同时还要将思想品德教育、美学教育、劳动教育等融入其中，使学生在田径课上既学到了知识，锻炼了身体，又提高了自己的美学素养和道德水平，还锻炼了自己的劳动能力。可见，在田径教学中遵循德智体美劳并进规律，将五个方面的教育有机结合起来，可促进学生的全面发展，这是素质教育的要求，也是整体提高田径教学质量的要求。

在具体的田径教学实践中，体育教师要根据实际情况合理安排好德育、智育、体育、美育与劳育的时间比例，将这一项因素充分整合起来，以传授田径知识与技能、锻炼身体为主，同时将道德教育、审美教育、劳动教育等融入其中，这对于学生综合素质的发展和提高是十分有利的。

五、体育教育的原则

（一）直观性原则

直观性是体育教学的一个重要特点，在具体的教学中，要采用直观的教学方式，如示范、录像、挂图等，这些方式能够刺激学生的视听器官，使其通过看和听，再结合自己的思考与心理活动，从而了解体育教学内容，如对动作结构、动作路线及动作方向有所了解。直观教学方式首先给学生带来的是感性的思考，然后学生在感性思考的基础上做理性分析与判断，从而逐渐掌握教学内容。

在具体的教学实践中，体育教师要对所教动作的主要结构及关键环节进行强调，并指明哪些动作是重点，哪些是难点，它们在动作结构中居于什么样的地位，有什么样的作用，与其他动作有什么样的关系等，使学生树立整体观，既掌握了整个动作，又能准确把握教学的重难点。

体育实践教学中，经过初步掌握这一教学阶段后，接着进入改进与提高教学阶段，这一阶段要引导学生从自身实际情况出发进行高水平更高层次的练习，而不再是机械性地简单模仿教师的动作。结合实际是这一阶段必须强调的一个前提，如果脱离实际进行训练，则不仅学习效果差，还可能损害身心健康。

在体育教学中，体育教师应启发学生积极思考，引导学生积极参与实践，在这样的情况下能有效提高体育教学的质量和效果。

（二）智体合一原则

智体合一也是学校体育教育的一个重要原则，这一原则是指在教学中将思维与实践操作结合起来。与其他学科教育不同，体育教学主要是以身体运动为主的形式。在传统体育教育中，一味强调通过增强学生体能来使其掌握运动技能，而对智能的重要性没有给予重视，因此没有将智能教育融入体育教育中，导致学生对运动技术的原理、内涵缺乏深刻认识与理解，这直接影响了学生自主学习与训练的积极性，影响了其在实践中对所学运动技能的运用与发挥。智体合一的教学原则可以促使学生从"体能型"向"体能、智能结合型"转变，对于学生的全面发展具有重要的意义。

在田径教学中，贯彻智体合一的原则是非常重要的。要求体育教师对田径技术动作要领进行精讲，同时要让学生知道所学动作的重要性及该技术动作在国内外的发展水平。这样学生在新技术的学练中就会树立一种全新的技术观与价值观，提高学习的效果，促进学习水平的提升。

在体育教学的巩固与提高阶段，指导学生进行穿插练习，并对动作原理、动作细节进行解释与强调，使学生对所学动作的理解更全面、深入，并引导学生充分感受在练习过程中身心发生的变化，在学生进入自动化阶段后鼓励学生适当创新，找到适合自己的创造性的学习与练习方式。在这样一种教学情境下，才能取得理想的教学效果。

（三）掌握知识结构与培养能力相结合原则

体育教师非常重视学生能力的培养，因此还要掌握知识结构与能力培养的基本原则。在体育教育中贯彻掌握知识结构与培养能力相结合的教学原则，使学生对体育知识与技能予以掌握，充实学生的知识结构与技能结构，并在此基础上培养学生的实践能力。

体育知识技能的整体结构一般由基本定义和规律组成。体育教师在设计教案或训练规划之前，必须对教学内容的整体结构有一定的掌握，这样在教学规划设计中才能做到统筹安排，合理布局，突出重点，逻辑清晰，从而为学生系统地、有条理地学习体育知识和技能以及掌握完整知识技能结构提供正确引导。

在信息社会背景下，对信息的快速获取与准确处理是每个人都应该具备的能力。如果缺乏这方面的能力，那么要适应信息更新迅速的复杂现代社会则会有一定的难度。在体育教育中如果不注重培养学生这方面的能力，那么就会制约学生向高体能、高智能的体育专业方向发展。传统"填鸭式"体育教学模式不注重对学生自主获取知识和探索知识的能力进行培养，进而影响了其社会适应能力的提高。新时期体育教育中必须重视对学生自我学习能力的培养。具体而言，在体育教育中贯彻掌握知识结构与培养能力相结合的原则需要注意以下几点。

1.掌握知识结构

体育教师首先自己要对体育学科知识结构的掌握达到精通的程度，对体育理论知识体系中各部分知识之间和运动技能体系中各技能之间的内在联系有准确深入的理解，然后才能在教学中引导学生对完整的知识结构和动作结构予以掌握，再细化动作，使学生将动作细节掌握好，从而提高教学效果。

2.培养实践能力

学生的自学能力很重要，在体育教育中教师不仅要手把手教学生体育知识和运动技能，还要启发学生的思维，鼓励学生自学、自练，鼓励学生之间协同起来组织简易体育赛事，并引导学生自主探索创新性的学习方法和练习方法，培养学生的探索意识、探索能力以及创造性，这有助于促进学生的全面成长与发展。

3.掌握知识结构和培养实践能力的关系

知识和能力之间存在着密切的关系，主要表现为相互作用，相辅相成，一定条件下相互转化。培养不同的能力，对知识结构的要求不一样。在体育教育中要先使学生对体育知识结构熟练掌握，然后在此基础上对其运动能力和其他方面的实践能力进行培养，而在培养能力的过程中又能使学生进一步巩固知识，并使所学知识在实践中真正发挥作用。

（四）精益求精原则

在体育教育中，还要遵循精益求精的基本原则。当学生对基本的技术动作有所掌握后，通过再加工使学生对技术动作从初步掌握发展到牢固掌握、稳定掌握甚至超前掌握，也就是使学生将教学内容掌握得更牢固、更精确，这就是精益求精的教学原则。很多竞技体育人才当竞技能力和运动成绩达到一定的高度后，要再有新的突破就很难了，这时就需要对已经掌握的技术动作进行"深加工"式的改造与处理。对那些大强度运动项目的专项运动员来说，因为技术动作难且复杂，再加上要在短时间内完成高超的技术，因此必须依靠"深加工"来取得新的突破，达到运动专项对运动员提出的高度稳定性和高度精确性要求，从而在激烈的比赛中占领优势，取得好成绩。运动员对动作技术的掌握要达到精益求精，这对其获取比赛胜利具有重要意义。体育教育中培养竞技体育后备人才也要注重精益求精，从而为国家输送优秀的体育人才，为其将来发展成为优秀运动员奠定基础。在体育教育中，贯彻精益求精原则需要注意以下几个要点。

1.重视细节教学

现阶段，我国很多体育教师和体育教练员在体育教育与训练中不重视对动作技术的深加工与精加工。差不多就行的思想严重制约了体育教育和训练质量，影响了体育人才的培养与提升。对此，必须改变这种错误思想，贯彻精益求精的原则，在教学与训练中重视细节，强调每一处容易出错的地方，使学生对动作技术的掌握既准又精。

2.提高技术稳定性

在体育比赛中，技术的稳定性非常重要。一场体育比赛中，如果双方实力相差不大，那么决定比赛结果的因素主要就是双方的心理素质和技术的稳定性了，因此在体育教育中必须重视提高学生掌握技术动作的稳定性，采取一些辅助性的教学与训练手段来强化稳定性，指导学生不断重复练习来达到稳定与巩固的效果，这样可以避免学生学过就忘。

3.与实战结合

体育教学必须结合实战才能取得理想的效果，与实战结合也是日常学习与练习时熟练稳定地掌握技术动作的必要手段，而要强化这种学习效果，就要与实战结合起来，通过大量的比赛取得理想的效果。

第二节　高校田径课程设计的哲学基础

田径课程教学设计也讲究一定的哲学原理，因此，体育教师与学生都要学习必要的哲学知识。哲学理论中涉及的理论知识非常丰富，这里，重点对其几个基本理论加以简要分析和阐述。

一、哲学基本理论

（一）主体间性理论

主体间性理论是由哲学家胡塞尔提出的。这一理论主要研究的是，意识所具有的特殊构造功能。这个构造功能就是指：一个主体的意识如何从自身出发通过移情和共现的方法超越自我构造出另一个主体。将这一理论应用于体育教学之中，不仅使体育教学中教师与学生这两个主体之间是平等的关系得到明晰，而且还明确了师生关系与主体关系的比对，前者更甚于后者，走向主体间性，对体育教学中师生、生生主体间的相互理解与沟通进行了强调，达成了共识和互识。

在体育教育中，师生关系的增进，并不仅仅是依靠体育教材内容，除此之外，体育与健康知识、运动技能、思维、情感、意志、价值观等方面，师生之间可以进行双向甚至多向交流、互动，并共同建构。另外，教师和学生之间的连接与沟通可以借助对自我身心和他人身心的统摄和赋义，让师生主体间认识、交流成为可能，并能达成精神世界的理解与共识。

综上所述，体育教学中师生、生生主体间得以有效互动的前提是他们都是主体，只有主体与主体之间才有交互性。教师与学生、学生与学生之间出现错位、矛盾以及不理解或代沟，通过悬置、还原、构造，在认识理论上是可以解决的。

（二）交往行为理论

1.交往行为理论的提出

哈贝马斯是交往理论的创始人。哈贝马斯的交往行为理论作为社会哲学理论的经典，其影响深远，这也体现在我国的哲学和教育学上。

哈贝马斯交往行为理论（哈氏交往行为理论）主要体现在以下几个方面。

（1）将行为划分为目的性行为、规范调节行为、戏剧式行为和交往行为，确定交往行为的概念。

（2）提出交往的交互主体性及主体间性。

（3）哈氏交往行为理论更进一步迈向了"理性"的批判，通过对交往行为理论的深刻剖析提出交往合理性的概念，并对语言的真实性、正当性等有效性提出要求。

（4）他提出要建立一个普遍的规范，建立一个理想的对话环境，并对主体间的对话活动非常重视。

2.交往行为理论在体育教学中的应用

哈贝马斯交往行为理论的影响如下所述。

（1）明确了体育教学中师生、生生之间的关系。

（2）充分体现了教学主体间平等对话、相互尊重、民主合作、相互理解等思想。

（三）交往实践理论

1.交往实践理论的提出与内容

马克思主义交往实践理论在社会发展中的影响是非常深远且突出的，其突出贡献可以大致归纳为两个方面。

（1）马克思主义将人类的交往与生产劳动紧密地联系在一起。人类与动物的最大区别就是能从事生产劳动。

（2）人类社会交往中所包含的交往，可以从两个层面进行理解，一个是物质层面，一个是精神层面。从根本上来说，这里所说的精神交往实际上是物质交往的产物。

交往实践是社会发展和历史演进的核心动力和基础，是社会中个体成长的必不可少的前提，这也是本学说提出的重要观点之一。

2.交往实践理论在体育教学中的应用

在体育教学过程中应用马克思主义的交往实践观进行审视，可以发现，体育教学活动已经成为多主体的师生、生生之间通过建构共同的客体文本而进行的互动和交往的过程。从某种意义上来说，体育教学过程实际上就是师生、生生之间的交往实践过程。在关系性范畴下，它体现为师生、生生平等主体间的互动、交往关系。在活动性范畴下，它又是师生、生生在平等民主的关系中通过中介客体改造主客观世界获得不断发展的过程。

二、哲学理论在田径课程教学中的应用

哲学是所有学科研究的重要学科基础和理论基础，对于田径教学而言也是如此。哲学理论能够为教学研究提供方法论和思想基础，学校体育教学研究也是在哲学基础上进行的，学校体育教学研究要整合各种哲学思想，以马克思主义哲学思想为基本指导，整合中西方历代各流派哲学思想之精华，把握各流派哲学思想之间的共同点和差异性，与我国体育教学改革背景与实践相结合，将哲学理论的作用和价值充分发挥出来。因此，在田径课程教学与设计中，也要贯彻这一理论，如此才能取得好

的效果。

第三节 高校田径课程设计的课程论基础

课程论是田径课程设计的重要理论基础,在这一理论的指导下,田径课程的设计才能保证科学性和合理性。

一、相关的理论原则

体育课程的理论原则集中体现在整体性、有序性、动态性、开放性等几个方面。这几个方面非常重要,能为体育课程的设计提供重要的理论指导。

(一)整体性原则

世界上的任何事物都不是杂乱无章地堆积在一起的,而是有一个遵循一定规律与原则的整体。整体性原则就是指认识主体始终把研究对象视作一个整体去研究,不割裂其中的任何要素,这种整体性研究才是科学和合理的。系统整体包含各种各样的要素,各要素之间存在着密切的联系,相互配合,共同推动着整个系统的发展。这就是课程论的整体性原则。在进行田径课程设计时,要把握这一原则,从整体上考虑,这样才能设计出科学的教学方案。

(二)有序性原则

有序性是指系统内部要素的相互联系及组织结构的层次性和等级性。所有的系统都由要素构成,系统和要素的区别是相对的,一个系统只有相对于构成它的要素而言才是系统,而相对于由其他事物构成的较大系统而言,它又是一个要素,也可称为一个子系统或分系统。某项事物要想顺利运转,必须讲究系统性,按照有序性的原则开展各项活动。

(三)动态性与开放性原则

对于某项事物而言,系统中的各项要素都是处于不断地变化之中的,系统内各要素以及与系统外不同要素之间相互沟通与联系,共同推动着系统的发展。可以说，系统总是在同外部环境的相互作用中调整着自己的要素和结构，系统是在从无序到有序、从低序向高序和从有序又向无序的反复过程中，以整体性的运动方式得以形成、演化和发展的。最优化是用系统科学方法研究问题的最终目标。

在科学研究中，运用系统科学的方法对某项事物进行研究时，要立足于整个系统的要素、结构、功能，并细致分析其中的相互关系，实现各要素的最佳构建和配置，最终实现整体的最优化。以上就是动态性与开放性的基本原则，我们在进行体育课程的研究时也要遵循这一原则。

二、学校体育课程体系的构成

我们在研究学校体育课程体系时应重点研究两个方面：一方面是学校体育课程体系的各要素构成；另一方面是学校体育课程体系的整体性的形成与发展。这两个方面的研究非常重要，只有理解了这两方面的内容，才能更好地展开体育课程教学的设计，更好地组织与管理教学活动。

世界上任何事物都不是孤立存在的，而是与其他要素存在着一定的联系，它是由相互联系的各要素而构成的一个整体或系统。依据不同的划分标准，系统可以划分为多种形式。依据要素的性质，可以将系统分为物质系统与精神系统、自然系统与社会系统等；依据系统的规模和大小，可以将系统分为超系统、大系统、中系统和小系统等。下面我们按照"子系统"和"分系统"的划分方式来分析学校体育课程体系的构成。

(一) 子系统

一般来说，系统的每一等级都包含有相对独立的多个子系统，正是在这些子系统的集合之下才形成一个完整的整体。系统与子系统之间的联系方式是下级子系统的集合形成上一级系统，由此关系形成由上而下或者由下而上的系统等级。根据这样的结构形式，可以把大中小学四个学段的体育课程作为四个相对独立的子系统，四者的集合构成学校体育课程体系。四个学段的子系统相对独立，各自具有教育者、受教育者、教育内容及载体等基本要素的相互联系，且各要素之间的联系非常密切和多样。各个子系统的发展都会对系统整体的发展产生极为重要的影响。

（二）分系统

分系统是指系统的各级子系统在某些方面具有意义关系或实体联系，由这些意义联系的方面或由贯通性质的要素以一定的秩序组织起来的系统构成所属系统的分系统。分系统的研究方法具有十分重要的意义，对任意系统的研究不仅包括各子系统（或要素）的研究，还包含对其相互关系的研究以及分系统与分系统之间关系的研究。大中小学的体育课程体系均是由课程目标体系、课程内容体系、课程实施体系和课程评价体系等要素构成，每一个要素就构成一个分系统。

研究子系统、分系统与系统整体之间的关系，合理把握系统内各要素之间的联系对于系统整体的发展而言具有重要的意义。学校体育课程体系作为一个大的整体，其中各要素之间的关系也需要调和与发展，掌握基本的课程理论对于学校体育课程发展，对于田径课程设计都具有重要的意义。

第四节　高校田径课程设计的系统论基础

一、系统的概念、构成与特征

（一）系统的概念

不论是自然界还是人们所生活的社会都属于一个大的系统，这一系统中涵盖着大量的要素，各要素相互联系与促进，从而推动着系统的发展。一般来说，系统主要由若干子系统构成，小的子系统又包含诸多元素，这些要素不是固定不变的，而是处于不断的发展和变化之中。

（二）系统的构成

系统的形成与发展需要具备元素、结构和环境等三个前提，只有这几个要素具备了，系统才能得以形成与发展。

（1）元素。系统包含多方面的元素，这些元素之间不是孤立存在的，而是相互联系、相互促进，推动着整个系统的发展，缺少了任何一方面的元素，系统的发展都会受到一定的影响。

（2）结构。任何一个系统的发展都不是盲目的，而是在一定的结构下发展，系统的结构要保持完整，如此才能获得健康的发展。任何系统都有一个特定的结构。采取各种手段与措施完善这一结构对于系统的整体发展而言具有非常重要的意义。

（3）环境。环境也是系统发展的要素之一，正是在这一要素的促进下，系统才得以形成与发展。没有了环境，系统也就失去了存在的基础，因此，建设一个良好的环境对于系统的发展非常重要。

以上就是系统得以形成与发展的重要前提和条件，每一个方面都非常重要，掌握系统论的基本理论对于体育教育的发展具有重要的意义。

（三）系统的特征

通常来说，一个完整的系统应具有以下几个方面的特征。

1.集合性特征

系统是一个有组织的整体，系统内元素众多，各元素组合在一起集合为一个系统，因此说系统都不是孤立存在的，而是由不同元素（子系统）按照一定结构的有机组成。

2.整体性特征

系统内包含多种要素，每一个要素各有自身鲜明的特点与功能，同时也有一定的缺陷，需要经过优化与组合，才能构建一个健全和完善的系统。因此说，系统具有重要的整体性特征。

3.相关性特征

系统内各要素之间有着非常密切的联系，各要素的发展都是为整体系统服务的，在这些要素的密切配合下，系统得以不断发展。在体育教学系统中，教师、学生、教材等都是体育教学系统内的各个要素，它们之间彼此联系，推动着体育教学系统的进一步发展。

4.反馈性特征

系统要想顺利运转就需要具备良好的自我调节能力，这一能力需要通过反馈进行，通过反馈可以使系统收集到各种系统内部与外部的相关信息，然后系统根据这些信息做出自我调节，从而维持系统的稳定性。由此可见，系统具有重要的反馈性特征。

二、体育教学系统的要素

体育教学系统非常复杂，主要由一个个子系统构成，各子系统又由诸多要素构成，这些要素的特征与功能决定了体育教学系统的功能和特点。

在体育教学中，要设计出合理的教学方案，首先就要充分了解系统内各要素的构成，了解系统内各要素的特点与功能。

一般来说，体育教学系统主要由以下要素构成。

（一）学生

学生是田径教学活动中的重要主体，可以说是田径教学中最为重要的，一切教学活动的开展都应围绕学生进行，这体现了"以人为本"的基本理念。学生要想获得良好的发展，就必须建立一个良好的体育知识与技能结构，包括体育理论、体能、技能等多方面获得共同发展。

（二）体育教师

体育教师也是田径教学中的重要主体，没有教师，整个田径教学活动也难以顺利地进行。体育教师除了要具备丰富的知识与技能外，还要具备出色的教学组织与管理能力。在具体的田径教学设计中，体育教师要充分发挥自身的主导性，组织与管理好整个教学过程，提高教学的效率和质量。

（三）体育教学内容

一个完整的体育教学内容体系主要包括以下几个部分。

（1）身体教育：促进学生身体素质的发展和提高。

（2）保健教育：为学生提供良好的卫生、安全等教育。

（3）竞技体育：丰富学生的体育知识与运动技能结构体系。

（4）娱乐教育：培养学生良好的体育意识和习惯。

（5）生活教育：培养学生快速适应社会的能力。

（四）体育教学方法与手段

体育教学方法与手段对于体育教学质量的提高具有非常重要的意义，在具体的田径教学中，体育教师要结合当前教学实际和学生特点选择合适的教学方法与手段，并进行不断的创新，以适应体育教学的发展和需要。伴随着现代科学技术的发展，各种信息化技术逐步应用到体育教学之中，极大地提高了体育教学的质量。

（五）体育教学媒体

在田径教学中，教学媒体可以说是师生交换和传递信息的重要工具。缺少了教学媒体，整个教学活动也是难以顺利进行的。因此，体育教学媒体也是体育教学系统的要素，要加强这一方面的建设与发展。

一般来说，体育教学媒体主要分为传统教学媒体和现代教学媒体两个部分。如今，现代教学媒体得到了广泛的利用，在进行田径教学设计时，设计人员要多考虑现代教学媒体这一方面的内容。

三、系统理论在田径教学设计中的体现

（一）注重田径教学设计的整体观和统筹规划

田径教学系统具有一定的整体性特点，这一系统内涵盖多种要素，每一个要素都是相互联系、共同促进和发展的。因此，体育教师在进行田径教学设计时要合理地把握田径教学系统的这一特点，注重教学设计的整体安排和统筹规划，如此才能设计出科学合理的教学方案，促进田径教学质量的提高。

（二）重视田径教学系统各要素的有机联系

田径教学设计是一项复杂的工作，这一项工作是在设计—实施—反馈—修改设计这样一种循环往复的过程中进行的。田径教学系统内的各个要素之间存在着密切的联系，要想实现整体系统功能之和，就不能忽略任何一个要素的发展。在具体的田径教学设计中，体育教师应明确整个系统与各要素之间的关系与特点，并结合具体的教学实际设计出科学合理的田径教学方案或计划，从而确保田径教学质量的提高。

第三章　高校田径课程体系的科学设计

田径是高校体育教学的基础课程，大学生在田径课程中掌握基本运动技能，提高身体活动能力，对增强体质和学习其他运动项目具有重要意义。因此，高校必须重视对田径课程的设置，注重对田径课程教学体系的构建与完善，不断提高田径课程质量和教学质量。本章主要就高校田径课程体系的科学设计展开研究，主要内容包括田径教学目标、教学内容、教学模式以及教学评价手段的设计。

第一节　高校田径教学目标的设计

一、高校田径教学基本目标

高校田径教学的基本目标是使学生对田径基本理论、基本技术及技能予以掌握，形成良好的田径健身锻炼习惯，具备组织田径活动及竞赛的基本能力。基于田径教学的基本目标对学生提出了如下要求。

第一，在高校体育中，田径运动居于重要地位，具有重要作用，学生要对此有所认识，并对田径运动产生兴趣。

第二，关于田径基础理论知识、基本技术技能，学生要予以掌握，并能在田径健身锻炼、训练或比赛中将田径运动理论知识运用到实践中，用理论指导实践。

第三，高校体育教育专业学生要具备良好的田径教学能力，不仅自己会做、会学，还要会教、会讲，能够指导他人进行科学的田径锻炼，能够对校园田径课外活动进行组织与管理，能够在实践中表现出良好的创新能力。

第四，专修田径课程的学生应具备田径科研能力、田径训练指导能力和田径竞赛组织裁判能力。

上面简要分析了高校田径教学的基本目标及在基本目标下对学生的基本要求。高校田径教学的具体目标与课程性质、教学环境、教学对象等因素有关，这些因素不同，教学目标也就有所差异。

高校田径普修课程和专修课程的教学目标不同。前者主要是为了对学生的田径兴趣进行培养，提高学生对田径运动的科学认知水平，使其对基本的田径知识与技术有所掌握，并对田径教法和学法有基本的了解。后者主要是为了促进学生田径技能水平的进一步提高，使其深刻理解田径文化，并具备基本的田径训练能力、竞赛能力以及科研能力。

拓展训练是高校田径教学的重要组成部分，开设的项目主要包括定向越野、野外生存等，开设这类性质的田径课程主要是为了对学生的身心健康素质、社会适应能力进行培养，使学生形成勇往直前、勇于克服困难、团结协作、坚持不懈的良好精神品质。

田径教学的具体目标与教学对象也有关，对象不同，目标也有差异。如果教学对象是运动训练专业的学生，那么田径课程教学主要为了对学生的训练能力、专业技能进行培养；如果教学对象是体育教育专业的学生，那么田径课程教学主要是为了对学生的田径教学能力进行培养；如果教学对象是社会体育专业的学生，那么田径课程教学主要是为了对学生的田径健身锻炼能力、田径健身活动组织能力以及田径健身锻炼指导能力进行培养。

总的来说，在高校田径教学中要根据课程性质、教学环境、教学目标而制定合理的教学目标，教学目标要有所侧重，教学目标确定好后，以此为导向而提出对不同专业学生的具体要求。

二、高校田径教学目标的设计要求

设计高校田径教学目标，要讲究一定的技术，具体要掌握以下技巧或满足下列几方面的要求。

（一）规范化

在田径课程教学目标的设计中要满足规范化要求，即对教学行为特点和教学行为层次予以规范，如：关于学生做什么动作的目标描述中，要明确指出是徒手模仿做出该动作，还是持器械做出该动作；如果是持器械，那么是持轻器械还是一般重量器械或者是高出一般重量的器械；要求学生做出该动作是经常做出还是偶尔做出即可；要求学生在什么强度下完成该动作；要求学生独立完成还是在辅助下完成该动作。

（二）情境化

在田径课程教学目标的设计中要指出教学环境或条件，明确在什么样的环境或条件下让学生达到怎样的要求。例如：让学生体会动作是在什么样的情境下体会，是自主练习中，还是教师的帮助或指导下；让学生完成动作是在什么样的条件下完成，是独立完成，还是在标准作业条件或辅助条件下完成；让学生进行练习是在什么样的环境下进行，是在校园中练习，还是在野外环境中练习。

（三）标准化

对田径课程教学目标进行制定，要将相关要求或标准明确提出，如关于器材重量、动作完成程度的标准等，标准明确化的教学目标才更具有良好的导向作用。

三、高校田径教学目标的设计案例

体育教学目标体系具有多层次性和系统性。田径运动作为体育教学的重要内容，要在学校体育目标的引导下确定田径教学目标、单元教学目标和课时教学目标。下面具体以田径单元教学目标为例来分析高校田径教学目标的设计，授课内容为俯卧式跳高。

（一）健康行为维度的教学目标

（1）合理地运用俯卧式跳高技术，保证运动中的安全。

（2）准备俯卧式跳高的教学用具，检查器材是否有破损。

（3）学生在进行练习的过程中，相关人员在旁提供必要的保护。

（二）运动能力维度的教学目标

（1）能够在不同条件下完成完整的俯卧式跳高技术。

（2）能对自身或同学完成俯卧式跳高技术的质量进行客观评价，并提出哪些地方需要改进以及如何改进。

（3）能运用所掌握的理论知识和技术技能上一节俯卧式跳高实践课，并根据教学对象的实际情况而灵活授课。

（4）能运用已掌握的技能或技巧对专门性的练习方法进行创造性设计，在创造性练习的过程中实现技术的正迁移。

（三）体育品德维度的教学目标

（1）学生在练习中要养成帮助与保护他人的意识与习惯。

（2）在反复练习中培养和形成良好的思想道德和职业道德。

第二节　高校田径教学内容的设计

一、高校田径教学内容的组成

（一）田径健身性内容

1.基本锻炼类内容

田径运动包括走类运动、跑类运动、跳类运动以及投类运动四大板块，它们构成了田径运动锻炼的主要内容与形式。

2.健身处方类内容

强身健体、康复保健是田径运动的重要功能，也是部分学生参与田径健身锻炼的主要动机与目的。以健身与康复为主要动机的田径参与者要根据自己的身体情况、兴趣爱好、学习基础、运动能力去制定适合自己的运动处方，明确健身锻炼的时间、强度与频率。然后根据运动处方和计划去参与田径健身锻炼，最终达到理想的锻炼效果，养成良好的锻炼习惯，有效提高健康水平。通过健身处方类内容的教学，学生要具备为自己或为同学制定运动处方的能力，并能根据不同田径项目的特点制定专门的运动处方，在锻炼实践中也要能够根据主客观因素的变化而灵活调整健身运动处方。

3.自我评价类内容

学生在田径健身锻炼中也要掌握基本的评价方法来评价自己的健身锻炼效果和锻炼处方的科学性，并能对自身的身心健康水平、运动水平进行主客观的综合评价。

学生在田径健身锻炼的过程中，要学会进行主观性的自我评价，即观察自己的身体状态和精神状态，体会疲劳程度，然后根据这些情况对锻炼处方进行调整，以免引起过度疲劳，伤害身心健康。

除了主观评价外，学生也要以标准的田径考核成绩评定指标为参考而对自己的体质、田径技能水平进行评价，在客观评价中将所掌握的理论知识运用其中。在客观评价中既可以评价生理机能水平，也可以评价心理健康水平，以检验自己的身体机能与身体素质，了解自己的心理状态与精神状态，从而更有针对性地进行田径健身锻炼和田径学习，以持续提升自己的身心健康水平和田径运动能力。

（二）田径运动竞赛

田径运动竞赛也是高校田径教学的主要内容之一，具体包括以下几方面的内容。

1.竞赛参与

在田径竞赛参与类内容的教学中，要让学生对参与的方式与方法以及比赛注意事项予以掌握，对学生参赛的积极性进行培养，使学生养成积极参与体育活动的好习惯，并能倡导他人共同积极参与体育活动。学生在参与比赛的过程中，要清楚自己的日常锻炼情况、身体健康水平，根据自己的真实水平参加适合自己的比赛，比赛中要懂得自我健康监测，如果有明显的不适症状，要及时中止比赛，不要逞强，否则会酿成严重的后果。学生也要掌握田径比赛中常见损伤的紧急处理方式，能够及时化解危机，这都是在培养学生竞赛参与能力中不可忽视的重要方面。

2.竞赛规则和裁判法

学生参与田径比赛，要对田径运动竞赛规则与裁判法有基本的认识与理解，并能利用规则来提高自己的田径运动水平。在比赛中要严格在规则允许的情况下展现自己的技能。与此同时，学校还要培养学生的田径裁判能力，组织校园田径比赛或运动会为学生提供执裁机会，促进学生实践能力的提升，为有从事田径裁判工作倾向的学生的未来就业提供良好的实践机会。

3.竞赛欣赏

田径竞赛欣赏类内容的教学主要是为了对学生的观赛兴趣及赛事欣赏能力进行培养，使学生在观赛中愉悦心理，陶冶情操，强化民族意识，提升民族自尊心和自豪感，并树立向运动员学习顽强拼搏精神和坚强意志品质的信念。很多大学生对一些重大田径赛事还是比较关注的，而且喜欢看优秀运动员参加的精彩赛事，学校可以组织学生观看田径比赛，利用这个机会进一步普及田径运动，并提升学生的田径竞赛欣赏水平。

（三）田径文化

田径文化是高校田径运动教学的一项重要内容，通过向学生讲解田径运动的发展历史、基本理论知识，分析田径运动的未来发展趋势，能够使学生了解田径运动形成与发展的来龙去脉，掌握田径基本文化知识，这是培养学生传播与传承中华民族田径文化使命感的重要机会。高校作为体育文化的重要传播与传承基地，理应将田径文化作为重要教学内容而重视起来。

二、高校田径教学内容选择与设计的要求

（一）健身性与竞技性

田径运动兼具健身性与竞技性两个属性。有的学生参与田径运动更看重其健身性，如强身健体、提高心理素质、陶冶情操、愉悦身心等；而有的学生参与田径训练或比赛则更看重其竞技性，如提升运动素质、发挥潜能、争取良好的运动成绩。以健身为目的和以竞技为目的而参与田径运动的学生要注意在参与实践中应参考不同的理论基础，采取不同的练习方法，甚至选择的活动环境如场地和器材也是有区别的。

事实上，田径健身活动也具有竞技属性，而田径竞技活动也具有健身属性，只是侧重点不同。田径健身活动中的竞技性强调的是在不同练习者之间比较运动能力的不同，田径竞技运动中的健身性强调的是田径

训练、田径比赛对参与者运动素质、运动能力产生的影响。

普通高校的田径课程教学更注重田径运动的健身性，体育专业往往是健身性和竞技性二者兼顾。在"健康第一"教育思想的指导下，高校开展田径课程非常注重对学生身心健康素质以及社会适应能力的培养，强调通过田径教学全面提高学生的健康水平和身体活动能力。为了达到这一目的，高校要选择具有健身功能与娱乐价值的田径教学内容，培养学生的学习兴趣，提升学生的健康水平。在健身性田径教学内容的组织与实施中，要从不同专业学生的实际情况出发安排教学方法与运动负荷，要尽可能满足不同专业学生的需求，但适当将田径运动的竞技性淡化到大部分学生都能普遍接受的程度。从而通过田径教学达到知识、技能、情感、社会适应等不同领域与维度的教学目标。

高校田径教学强调田径运动的健身属性，但也不能忽视这类运动的竞技属性。针对体育专业尤其是运动训练专业的学生开设田径课，要将田径运动的竞技性重视起来，要通过科学专业的田径训练而提高学生的专项竞技能力。面向这类学生进行田径运动教学，要注意选择竞技性突出的教学内容，严格规定运动场地、运动器材的规格与标准，加强专业指导，对学生的田径技能提出较高的要求，挖掘与培养优秀的田径后备人才，多组织比赛来提升他们的实战能力。

（二）趣味性与全面性

田径运动技术比较单一，而且相对来说难度也不大，学生在田径课上反复学习单一的动作，长此以往，便会产生无趣的乏味感，甚至是厌学情绪，为避免这种情况发生，选择具有趣味性的教学内容很有必要。将田径趣味游戏引进田径课堂中对于提升学生的参与兴趣和热情以及提高学生的参与效果具有重要意义。田径授课教师要具有灵活变换教学方式和设计游戏活动的能力，如在跑类运动教学中，不能一味让学生进行重复跑练习，而要适当组织一些游戏或比赛，如接力跑比赛，这样学生便会积极参与其中。因此，田径授课教师要从学生的学习需要出发，采取丰富多样的教学形式来实施趣味性田径教学内容，使田径课堂教学氛围更加活跃，使学生的学习热情高涨，最终达到良好的课堂教学效果。

选择趣味性田径教学内容，不仅要关注对学生学习兴趣和健康体质的培养，而且还要使学生在趣味性练习过程中掌握田径技能，形成良好的心理品质、道德品质和精神品质，并提高社会交往能力，实现全面发展。在全面发展教育理念下选择对学生身心、道德、精神、社交等多方面全面发展有益的教学内容非常重要。

（三）适宜性与发展性

高校田径授课教师要从学生的身心素质水平、运动能力、学习能力、年龄特征等真实情况出发而选择田径教学内容，与此同时还要考虑学校的教学环境、师资力量等因素，这强调的是内容选择的适宜性、匹配性。例如，对于初级学习水平的学生，适宜选择快速跑、接力跑、跨越式跳高、蹲踞式跳远等较为简单易学的教学内容，并在教学中适当放松要求，以中小强度练习为主。当学生的田径运动水平提高后，可增加三级跳远、障碍跑等动作稍复杂一些的项目。在高校田径运动器材充足的情况下，当学生达到一定的水平后，可传授其跨栏跑、背越式跳高等技术。

发展性是指选择的田径教学内容要满足不同学生的需要，区别对待，使学生基本运动能力有所发展和提高。每个大学生的运动能力、身体素质不同，为使所有学生都能够进步与发展，要求授课教师根据学生的特点选择不同内容，采用不同的教学方法手段，安排不同的运动负荷，达到使全体学生受益的目的。

三、不同田径项目活动内容设计参考

高校田径教学中主要开设四类课程，分别是走类项目课程、跑类项目课程、跳类项目课程和投掷类项目课程，此外拓展训练类课程近年来在高校田径教学中也颇受重视。田径教学内容非常丰富，为满足不同学生的需求，在各类课程中也要开设丰富多彩的活动，提高学生参与的积极性。

第三节　高校田径教学模式的设计

一、主动性教学模式设计

在田径教学中，学生是教学活动的主体，教学过程是学生主动学习的过程。学生只有积极主动学习，才能通过自己的思考、体验学会交流，学会合作，从而进一步发展自身的社会技能、社会情感以及创造能力。主动性教学模式能够实事求是地、有针对性地发展学生的主体意识，提高学生的学习主动性和自主学习能力。

二、项目驱动教学模式设计

（一）模式概述

项目驱动教学模式是基于建构主义理论基础而构建的"行为引导式的教学形式"，是师生选取某一实践性和操作性较强的知识和技能作为完整实际项目内容，在教学过程中将项目分为衔接递进关系的各个子项目，以教师为主导、以学生为学习主体、以项目内容为核心载体、以培养学生自主学习和探究能力为目标，利用情境教学进行知识建构的一种教学模式。这种教学模式强调项目的现场性、知识的综合性和学生综合能力的培养，在该模式中，学生从被动接受知识转为主动获取知识，充分发挥想象力、执行力，运用所学技能、知识独立完成或在团队中协同完成学习任务。

（二）操作流程设计

1.选择项目

这是项目驱动教学模式的核心环节。师生以已经确定的教学目标、方案为依据，围绕项目这条主线完成总项目设置及项目分解工作，每个子项目代表不同的知识模块，各个项目中都融入了要学习的内容。不管是总项目还是子项目，是预习项目还是复习项目，都可以对学习项目进行设置。在课程实施的不同阶段也都可以设置学习项目。师生选择项目要重点选择具有可行性、实用性以及趣味性的项目。

2.设置问题情境

设置项目后，为了使学生对项目的理解与体会更深刻，师生可协同完成对学习情境的创设。例如，在跳高项目的教学中，如果学生对过杆动作不熟悉，教师可向学生播放跳高的比赛视频，或出示跳高过杆的素材图，在这个过程中提出问题，启发学生思考，并将学生分为若干学习小组，使小组成员相互讨论，合作探索问题的答案，以培养学生的思维能力、学习兴趣以及合作能力。

3.探索与引导

在项目驱动教学中，教师负责引导，学生清楚项目任务后自主思考并探索，在学生自主学习和探索中，教师给予帮助和指导，并伺机提示，使学生完成对不同子项目知识框架及完整项目知识结构的构建。教师要监控好学生的学习过程，对学生给予必要的引导和有意义的指导，使学生建构的知识框架更有效。

4.团队协作，修正项目

采用项目驱动教学模式，要注重引导学生进行小组协作，强调师生互动和学生之间的交流。例如，三四名学生为一组，各小组依据学习方案进行合作学习，在学习过程中共同讨论和分析问题，协同解决问题。

5.多元评价

在项目驱动教学的最后，要采用多元化手段来评价学生的学习情况，要注重学生的自我评价与学生之间的互评，通过评价来肯定与激励学生，并解决学生的学习问题。在多元化评价中，学生设计项目的能力、在项目实施过程中的行为表现以及最终取得的项目成果是主要评价内容。

三、BOPPPS教学模式设计

（一）模式概述

BOPPPS教学模式源于加拿大教师技能培训作坊（ISW），最初由温哥华大学DouglasKerr团队于1976年创建，是一种以教学目标导向、以学生为中心的教学模式。它由导入（Bridge-in）、学习目标（Objective/Outcome）、前测（Pre-assessment）、参与式学习（ParticipatoryLearning）、后测（Post-assessment）和总结（Summary）六个教学环节构成。BOPPPS教学模式的特点有三个：一是更加清晰直接的学习目标；二是学生转变为课堂的中心，成为主动角色，更加强调学生参与课堂的过程；三是注重教学反思。

（二）操作流程设计

设计线上线下相结合的高校田径课堂BOPPPS教学模式，合理安排BOPPPS教学模式的每个环节的实际教学活动。

导入环节：借助线上教学平台在课前完成导入历史事件、赛事故事、关键技术、教学案例分析等，充分激发学生对课堂内容的兴趣。

学习目标环节：课前在线上教学平台发布本次课的尽可能量化的学习目标，通过目标设置给学生形成很强烈的激励，达成良好的课堂效果，同时让学生课程结束之后可以根据本节课的学习目标进行学习效果的自我评价和互评。

前测环节：学生课前完成超星平台上的基本理论知识的答题或在平台上发布某项运动技能的教法口试视频和技能展示视频等，通过学生的答题和发布的视频检验学生对以往所学内容和即将学习的内容的认知程度，检验学生的实际学习情况，可以为目标设置和课堂教学调整提供参照。

参与式学习环节：教学设计以问题为导向，采用小组讨论学习、情景再现学习、合作学习及任务驱动角色担当学习等学习手段让学生真正参与到运动中来，发挥教师的引导作用，强调在具体的学习情境中通过亲身体验来学习，并分享经验。此环节特别强调学生对所学知识、技能的运用，提倡竞赛和展示，当然教师在此环节也要注意观察学生的反应和兴趣点，以便优化后面的课程设计。

后测环节：主要以测验的手段对学生本次课学习掌握情况进行检测，目的在于了解学生的学习情况以促进教学方面的改进，采用课堂提问的形式和课后线上书面测试、小组讨论展现等形式完成。

总结环节：教师对学习内容和效果进行归纳总结，为完善田径课程下一课堂教学提供反馈信息。

第四节 高校田径教学评价手段的设计

在高校田径教学方法与手段的设计中，要着重考虑各个评价要素，具体分析如下。

一、评价主体

高校田径教学评价的主体不仅包括田径授课教师、田径运动专家以及高校领导，还应该包括学生，要发挥学生作为评价主体的能动性，提高学生的评价能力，使学生通过自评来不断提高学习效率。

二、评价时间

在高校田径教学评价中，可以定期评价教师的教学情况和学生的学习成果，也可以随机进行灵活性评价，随机评价的优势在于不易掩盖问题，容易及时发现问题，这样教学评价的诊断功能就能得到充分发挥。在随机评价中，要像定期评价那样端正好态度，不能马虎应付，否则这样的评价毫无意义，只是徒劳。

三、评价方式

在体育教学中，过程评价有着非常广泛的适用范围，这一评价方式主要是在体育教学过程中对学生接受情况、时间、费用等的总结性评价中进行。通过这一评价方式能得出相对客观的评价结果。

结果评价主要是指对体育教学活动实施后的效果进行评价。这一评价方式能充分发挥完成总结性评价的功能，能对学生的最终学习情况做出一个大体的评价。但是这一评价方式比较片面，不能很好地反映学生的具体实际，需要结合过程评价使用。

诊断性评价方式在高校田径教学评价中运用比较多，这也是师生比较容易接受的一种评价方式，采用这种评价方式有助于发现田径教学问题，以根据评价结果而调整与完善教学方案。

另外，必要的时候也要采取鉴定性评价方式，以进行性质鉴定。如果采用鉴定性评价方式，就要秉着公正、权威的原则而有序开展评价工作，组织一定要周密，尤其要注重细节。

单项评价与综合评价也是非常重要的田径教学评价方式。前者集中评价某一教学问题，评价的是比较细致的内容，操作较为容易，更有针对性。后者涵盖的评价内容比较多，能够将田径教学的总体情况反映出来，但是这种评价需要多名评价人员参与工作，操作起来较为复杂，要完成大量的工作，因此相对于单项评价，综合评价运用较少。

四、评价组织

田径教学评价不仅是教师评价学生、学生评价教师，还包括学校、院系组织和教研室对整体教与学情况的评价，这是比较宏观的评价，采用宏观评价方式，要特别重视对这一评价工程的组织与管理的优化。

五、评价操作

能够量化的则进行量化评价，能够定性的则进行定性化评价，但不要对不易定性或量化的对象而勉强定性或强制量化，否则会影响评价结果的客观性、准确性。

第四章　高校田径教学的科学原理与指导

　　高校田径教学的开展是需要在一定的理论基础上才能进行的，这里所说的理论基础包含的内容较为广泛，科学且有深度的理论知识是高校田径教学活动开展的必备基石。一般的，体育教学课的开展包含理论和实践两个部分，其中，实践是在理论的指导下进行的，这就反映出了理论基础的重要性。本章主要对高校田径教学的科学理念、基本原则以及教学课的组织与实施进行分析和阐述，由此，能够对高校田径教学的科学原理有所了解，并对其教学实践的开展提供科学的指导。

第一节　高校田径教学的科学理念

一、"健康第一"理念

（一）"健康第一"理念的提出

　　1950年，毛泽东首次提出"健康第一"的理念，这一理念的提出，主要目的在于改变当时学生负担太重、健康水平日益下降的现状，"要各校注意健康第一、学习第二"。

　　发展到20世纪90年代，"健康第一"理念主要是对"素质教育"的诉求，可以将其理解为一种多样化和复合型的新型的体育教育理念，"以学生为本"是体育教育在这一理念上的重要体现。

　　从21世纪开始，我国对学生在体育教学中的健康全面发展的重视程度不断提升。

目前，我国学校体育将"健身育人"作为主要教育理念。只有将"健身"与"育人"相结合，才能将学校体育的教育本质凸显出来，才能使学校体育与学校其他课程一同系统地、全面地实现学校教育"健康第一"的目标。

（二）"健康第一"理念的特点

（1）学校教育将促进学生的健康成长作为首要目标，"健康第一"理念也认为学生的身心健康的重要性要高于考试升学。

（2）真正意义上健康，是身体健康与心理健康的统一，而"健康第一"则是学生身心健康和谐发展的统一。

（3）所有教育的开始都源于健康的身体。因此，这就要求学校对学生的教育应该包含德育、智育、体育等各方面。

（三）"健康第一"理念在高校田径教学中的应用

在高校田径教学中严格贯彻"健康第一"的理念，将它贯穿于高校田径教学工作的始终，让学生拥有健康的体魄，为终身教育奠定基础。

1.提高教师的综合素质

随着体育事业和教育事业的不断发展，高校体育教学对教师提出了更高的要求，这也适用于高校田径教学。对于高校田径教师来说，其要具备多元化的专业知识和能力，比如，要掌握科学和人文两方面的基本知识，以及扎实的田径运动方面的基本功。除此之外，其还要树立终身学习的思想，积累实际的教学经验，积极参与体育科研，具备对田径教学的监控能力等。

2.在高校田径教学过程中加强体育、卫生、美育的有机结合

学生参与到高校田径教学活动中，从事田径相关的运动锻炼，不仅要重视营养的补充，还要养成讲卫生的好习惯，这就需要将身体锻炼与卫生保健结合起来。另外，在高校田径教学过程中，学校应做好营养、卫生保健相关知识的宣传工作。

3.培养学生的健康意识和行为

高校田径教学并不是一个独立的事件，其需要与学生的生活实践有机结合起来进行，在这一过程中，对学生自觉的健康意识和健康行为进行积极培养，并且做好知识到行动的顺利转化。

4.不断提高学生参与田径运动的能力

在高校田径教学过程中，要有效传递健康知识和锻炼方法，田径运动各个项目的开展要和社会体育资源相结合，从而使学生参与田径运动的相关能力得到有效提升。

二、"以人为本"理念

（一）"以人为本"理念的内涵

"以人为本"的理念主要是指，在高校田径教学过程中，要做到以学生为本，促进学生健康、全面发展。"以人为本"的教育理念在体育教学中的贯彻与落实对新时期我国实施科教兴国战略以及实现民族复兴具有重要的意义。

（二）"以人为本"理念在高校田径教学中的应用

1.以学生为本

包括高校田径教学在内的体育教育教学，将学生的身心全面发展作为根本目的，为此，需要从以下几个方面着手。

（1）尊重学生：对于高校田径教师来说，其要从自身出发，树立以学生为中心的教育理念，遵循学生身心发展的特点和规律来开展高校田径教学活动。在高校田径教学过程中，要尊重学生的个性特点，做好区别对待。

（2）宽容学生：高校田径教学的开展目的之一，是促进学生健康成长，这也是教师教学活动的主要目的。为了实现这一目标，教师要特别关注学习有困难的学生。学生之间有一定的差异，每个学生都有自己的特点和优势，教师要承认这种差异，多赞美学生的优势，宽容学生的不足。

（3）丰富教学形式：现代高校田径教学，能够为教师和学生提供共同探讨问题的场所，在这个场所中，可以采取多种多样的形式来开展教学，这也在一定程度上对以人为本理念的贯彻进行了体现，对于将学生内心的需要激发出来，促进学生的进步是有利的。

（4）构建和谐师生关系：在高校田径教学过程中，教师要善于采用鼓励性的话语来激励学生，安抚学生。由此，能够给学生带来莫大的安慰与动力，可以使学生变得更勇敢、更自信，同时，这对于良好的高校田径教学效果的取得也是有利的。

2.以教师为本

教师在教育教学过程中是处于主导地位的，教师的教和学生的学共同组成教学活动，因此，其也是教学活动的重要主体。在高校田径教学过程中，也要做到以教师为本这一要求。

（1）为高校田径教师营造宽松的工作环境和良好的工作氛围，合理规定教师的工作量，并对其进行教学评估，对表现优秀者予以奖励。

（2）关注高校田径教师的发展，在管理方面应该具有人性化，使他们自觉履行义务，承担教学、科研、育人责任。

（3）充分尊重和信任高校田径教师，不要制定过多的规则、制度来限制他们的自由，约束他们的行为。

三、素质教育理念

（一）素质教育的含义

素质教育的含义有广义和狭义之分。

广义上的素质教育，是指所有的教育，主要是由于任何形式的教育都会使受教育者某些方面的素质得到提高。

狭义上的素质教育，是针对"应试教育"中"重知识、重分数、轻能力"的弊端而提出的一种教育理念和教育模式。具体来说，它是一种重潜能开发、心理品质培养和社会文化素养训练相结合的整体性教育，与全面素质教育之间是有着一定的一致性的，寻求一种更科学的教育途径以实现人的素质全面发展是其主要目的。

（二）素质教育的基本特征

1.素质教育的主体性

素质教育的主体性，要求教育的实施要尊重和发展学生的主体意识和主动精神，培养和形成学生的健全个性。具体来说，在素质教育过程中，要充分认识到学生是素质的承担者、体现者，离开学生主体性谈素质教育是空谈，没有学生参与的素质教育没有任何意义。因此，这就要求一定要尊重学生的主体地位，发挥学生的主体作用，调动学生主体的积极性，让学生在主动学习中得到发展。

2.素质教育的全面性

素质教育的全面性：一方面，要求所有学生的素质都得到发展，即学生素质的全面性；另一方面，则要求每名学生各个方面的素质都得到发展，即学生的全面性。

3.素质教育的基础性

素质教育的基础性主要从两个方面得到体现。一方面，学生的素质是做人的基础。学生上学校读书的主要目的就是学习做人，它包括做什么样的人和怎样做人。另一方面，个人的素质是整个民族素质的基础。基础教育则是提高民族素质的奠基工程。

4.素质教育的差异性

素质教育具有全面性特点，与此相适应的，是素质教育的差异性。对于受教育的学生来说，他们存在着显著的个体差异性，这种差异性可能是先天遗传方面的，也可能是后天发展方面的。可以说，每个人的发展方向、发展速度乃至于最终能达到的发展水平都是不同的。这种差异决定了教育工作不能要求有差异的受教育者个体达到绝对统一的教育目标，而应当使每名受教育者能在自己原有的基础上得到发展，承认个体发展的差异性，重视个人素质的提高。

5.素质教育的终身性

素质教育的终身性特征意味着作为终身教育体系基础的学校教育。素质教育的终身性所包含的内容是非常广泛的，比如，教育时间的终身性、教育空间的社会性、教育过程的发展等都属于这一范畴。

第二节　高校田径教学的基本原则

一、学生主体性原则

（一）学生主体性原则的体现

在高校田径教学过程中，学生是处于主体性地位的，因此，学生的主体性原则是高校田径教学的首要基本原则。这就要求教师在田径教学过程中，不管是选择教学内容还是安排教学负荷、教学方法，都要遵循这一原则。与此同时，学生主体性原则的提出，还与素质教育的要求、教学规律的反映以及田径课程改革的需求相适应。

（二）学生主体性原则的贯彻

在高校田径教学过程中贯彻实施学生主体性原则，有些事项和要求需要加以注意，具体有以下几点。

（1）高校田径教师要从自身出发，同时带动学生，积极转变传统的教学观念，树立以学生为主体的教学观。

（2）要对高校田径教学活动开展前的准备活动以及相关设计加以重视，积极引导学生参与到田径教学中，并且要在教学过程中引导他们进行积极创新。

（3）高校田径教师要将其主导作用充分发挥出来，积极启发引导学生学会学习，并在这一过程中学会解决问题，掌握田径学习的方法。

二、直观启发原则

（一）直观启发原则的体现

直观启发原则，就是指在高校田径教学过程中，教师借助于各种有启发价值的、多样化的直观手段，以达到使学生产生清晰的运动表象，进而提高学生分析、概括等综合思维能力水平目的的重要原则。

通常，在高校田径教学过程中，用到的直观手段主要有动作示范、人体模型、教具、多媒体等，这些手段对于促使学生形成视觉、听觉等多器官共同感觉都有着非常显著的作用。

（二）直观启发原则的贯彻

在高校田径教学过程中贯彻实施直观启发教学原则，为保证良好的应用效果，有以下几点事项和要求需要加以注意。

（1）高校田径教师首先要保证自身技能的完善性，并且掌握丰富且熟练的技术示范技能，要将其教学技能淋漓尽致地发挥出来。

（2）要做好优秀学生骨干的培养工作。一般的，高校田径教学中，体育教师通常是一对几十个学生进行教学，这就无法保证一对一的教学。为了保证教学质量，需要培养一些优秀学生骨干，将他们的示范和带动作用充分发挥出来，协助体育教师做好直观教学，并保证良好教学效果。

（3）在直观手段的应用上保证灵活性和多样性。应用于高校田径教学的直观教学手段应该是多种多样的，包括各类器械、标志线、标志物、保护与帮助等，同时，这些直观教学手段的应用要灵活，切忌死板教条。

（4）直观教学要将其启发性特点充分体现出来。直观教学的终极目标是让学生掌握运动技能，但是，这一目的的实现是要经历一定的过程的，这一过程中需要将学生的主观能动性激发出来，使他们能够积极参与到田径学习中。

三、身心全面发展原则

（一）身心全面发展原则的体现

高校田径教学，作为体育教学的一个方面，其对学生身体健康的促进作用毋庸置疑，但是，高校田径教学的作用远不止于此，其还在心理学、美学和社会学等方面有重要价值，主要表现为提高学生智力、心理素质、美育（感）和能力等多方面的发展，这与社会主义现代化建设人才的要求相符，同时，也满足了社会主义体育教学目的性、学生发展等需要。

（二）身心全面发展原则的贯彻

在高校田径教学过程中贯彻实施身心全面发展原则，需要做到以下几点要求。

（1）首先要将现代体育教学价值观念树立起来。作为现代体育教学的重要内容，高校田径教学也具有显著的生物学、心理学、教育学、社会学及美学等方面的价值。现代体育教学价值观的树立，能够作为重要指标来对高校田径教学质量进行衡量和评价。

（2）高校田径教学的开展离不开科学的教学计划，因此，这就要求在制定高校田径教学计划时，要将学生的身心全面发展作为考量的重要因素。

（3）在高校田径教学过程中，教师要对学生的心理有所分析和了解，并且在教学过程中要积极促进学生主动学习的意愿，使学生能够进行快乐的田径学习。

（4）在高校田径教学的准备、实施、复习、评价等各个阶段中，都要围绕着学生的全面发展来进行，并且在制定教学任务、选择教学内容和运用各种教学手段和方法等方面也要遵循这一原则。

（5）在高校田径教学评价过程中，要研究与确定学生身体健康方面的评价指标、运动技能方面的评价指标，同时还要注意其体育学习态度、人格形成等方面的评价指标，从而保证学生身心发展的全面性。

四、循序渐进原则

（一）循序渐进原则的体现

在高校田径教学过程中，要系统安排田径相关的教学目标、教学内容、教学方法、教学手段等，同时，还要保证其整体性和连贯性，还要与高校学生的基本情况相符，能够将学生的差异性体现出来，这就是所谓的循序渐进原则。

高校田径教学必须遵循循序渐进原则，这是由人体发展规律和事物发展规律所决定的，具体来说，就是要做到由易到难、由简到繁，逐渐深入、逐步深化。由此，来保证高校学生的田径知识、田径专项技能等都得到稳步发展和提升。

（二）循序渐进原则的贯彻

在高校田径教学中贯彻循序渐进原则，需要注意以下几点事项和要求。

（1）在对高校学生身心发展的规律和特点的了解方面要做到循序渐进。学生是高校田径教学的主体，对于高校田径教师来说，其要做到在深入且全面地分析学生的身心发展特点的基础上来开展田径教学活动。

（2）认真钻研教材，对高校田径教材的内外部系统性有充分掌握。高校田径教师教学活动的开展，是借助于教材这一中介来实现与学生的沟通的。因此，认真钻研教材是有助于高校田径教学活动开展的。

（3）要设计出有层次性和连贯性的教学过程。高校田径教学活动，本身是一个持续时间较长的过程，这就要求高校田径教师要参照学生的实际情况和特点来做相关的教学设计。具体的田径教学安排要做到由简到繁、由易到难、由一般到特殊，与高校田径教学的正确规律和循序渐进的要求相符。

五、区别对待原则

（一）区别对待原则的体现

在高校田径教学过程中，每个学生的特点和实际情况都是不同的，这就赋予了其个体差异性，鉴于此，就需要以学生的生理和心理特征、学习能力与成效为依据，来分别实施不同的教学，从而使每个学生都能得到相应的提高与发展，这就是所谓的区别对待原则。

（二）区别对待原则的贯彻

在高校田径教学过程中贯彻实施区别对待教学原则，需要对以下几个方面的事项和要求加以注意。

（1）首先要对每个学生的身心特点进行充分的了解。对于高校学生来说，他们的差异性主要体现在身体和心理上，此外，在性别上、不同学生的身体基础、学前运动技术基础等方面也有所差别。

（2）要正确看待和引导学生正确对待个体上的差异。从学生自身的角度来看，他们之间的运动天赋是有所差别的，同时，对田径运动的理解也不同，在高校田径教学过程中要承认个体差异性。同时，对于高校田径教师来说，其要首先了解个体差异性的存在，其次还需要向学生讲解个体差异的存在，并引导学生对这些差异性要区别对待。除此之外，田径教师还要通过积极的引导，告诉学生用发展的观点来看待个体间的差异，引导学生要互相学习、互相评价等。

（3）给予特殊学生特殊指导。在高校田径教学过程中，通常都会存在着一些特殊的学生，比如技术水平较差、身体素质较差或者有身体缺陷的学生等。这就要求田径教师在高校田径教学过程中对这些特殊学生给予特殊的照顾和指导，提出改进意见，使他们达到教学要求。需要强调的是，我们的教学是面向全体学生的，并不是个别化的教学，做到对特殊学生特殊指导才真正符合教学的科学理念。

（4）要通过各种教学组织形式创造个体差异性的条件。在高校田径教学过程中，田径教师为了遵循个体差异性的原则，在采用教学组织形式上要具有多样性和综合型，这样才能使不同个体的差异性需求都得到体现和满足。比如，对于身体条件和田径专项技能都好的学生来说，也要为他们进一步发展创造条件，提出更高的要求。

（5）要依教材的性质、具体教学条件、季节气候等来做好教学内容的安排。尽管所选择的教学内容是相同的，但是，由于高校田径教师本身也存在差异性特点，因此，其在结合不同学生而施以不同的方法与教学要求方面也是有所差别的。除此以外，高校田径教师还要将地区、季节气候的不同特点也作为考虑的因素。

（6）要把个体差异性与统一要求结合起来。个体差异性是在总体的基础上体现出来的，因此，要将区别对待与统一要求结合起来进行，才能保证全面性。具体来说，统一要求是面向多数学生，而个体差异性是面向全体学生；统一要求是客观标准，而个体差异性是主观评价标准；统一要求与学籍管理有关，而个体差异性与学习自觉性有关。但是无论怎样讲，统一要求和个体差异性都是高校田径教学的目标和手段，两者不可偏废。

六、精讲多练原则

（一）精讲多练原则的体现

精讲多练，是高校田径教学要遵循的基本原则，其具有一定的特殊性。所谓的"精讲"，就是要求高校田径教师首先要对学生有充分了解，并且能够吃透高校相关的田径教材，然后，用精练的语言和相对少的时间把教材的主要内容、特点、动作技术要领和技能传授给学生。

"多练"，则是指学生在高校田径教师的指导下，利用各种机会与时间更多地参与到田径教学的相关习练中去。

由此可见，精讲多练要求既重视讲的作用，又保证练的需要，要会将讲和练的作用充分结合起来，将师生双方面的积极性充分发挥出来。

（二）精讲多练原则的贯彻

在高校田径教学过程中遵循精讲多练原则。需要对以下几个方面的事项和要求加以注意。

1."精讲"的要求

（1）"精讲"要求教学内容精要：在高校田径教学中，教师的讲解不可或缺，要求其讲解语言必须紧扣教学的目的与要求，要能够将田径教学的重点与难点突出出来，做到少而精，不能偏离教学目标。一般的，经验丰富的"老教师"这方面往往做得比较好。

（2）选择并运用恰当的"精讲"方法：在高校田径教学过程中，教师的讲解要体现教学要求，同时还要与学生的实际水平相符。具体来说，就是要求有针对性地根据教材内容进行讲解，要针对学生的特点而选择不同的教学方法。

（3）要采用精炼的语言进行"精讲"：教师在高校田径教学过程中，要做到明白生动地讲解，将学生的思维与想象力有效激发出来。对于高校田径教师来说，在语言的把控上难度是比较大的，因此，要特别注意运用各种语言技巧实现教学目标。

2."多练"的要求

（1）要采用多种多样的"多练"方式：对于高校田径教师来说，要采用多种多样的方式来让学生进行田径运动习练，是让学生达到掌握田径运动技能目标实现的主要途径。多种多样的练习方式的侧重点和适用范围是不同的，这就要求在选择和运用过程中一定要做到区别对待。

（2）"多练"与动脑有机结合：学生在高校田径教学过程中进行练习，每一次练习的条件、时机、方式等都可能有所不同，这就需要学生要多动脑，对每次练习的情况加以分析，学会思维和总结，通过这种方式来提高每一次练习的效果。

（3）在教师指导下"多练"：学生在高校田径教学过程中不仅自身要主动动脑思考学习，还要主动借助于教师的点拨与指导。教师的点拨在高校田径教学中能够为学生更快地"上道"提供必要的帮助，从而达到用更短的时间掌握技术动作，并达到很好的学习效果的目的。

七、适宜负荷原则

（一）适宜负荷原则的体现

不管进行什么样的运动锻炼，都需要确定适宜的负荷。在高校田径教学过程中，也会不可避免地进行田径运动锻炼，因此，安排适宜的负荷是非常重要的原则之一。所谓的适宜负荷原则，就是指在高校田径教学过程中，以学生的自身特点为主要依据合理安排学生的生理和心理负荷，合理地交替进行练习和休息，从而达到增进学生身心健康的目的。

对于高校学生来说，他们在生长发育的每个阶段自身的生理机能都有相对的负荷极限，因此学生在田径运动练习过程中如果其生理负荷和心理负荷超越了极限，就会对机体造成一定的伤害。但是，如果练习的负荷过小，其所产生的刺激量不足，就会导致学生的身体机能不会出现反应和变化，则不能达到发展体能的效果。由此可见，适宜负荷对于高校田径教学活动的开展以及教学效果的取得是至关重要的。

（二）适宜负荷原则的贯彻

在高校田径教学过程中贯彻实施适宜负荷原则，需要对以下几点事项和要求加以注意，从而保证理想的教学效果。

（1）要对运动负荷与学生身心发展的相关原理进行研究与掌握：高校田径教师在教学过程中首先要认真学习并掌握田径相关的生理学、心理学等基本理论知识与原理，并在进行教学实践时深刻体会与运用，从而更好地促进学生身心健康发展。

（2）所安排的运动负荷要与学生身体状况与需要相适应：学生是高校田径教学的对象，因此，所安排的运动负荷就是针对学生而言的。身体运动负荷的科学性不仅能够将学生的身体发展性体现出来，同时，也将对学生身体的无伤害性体现了出来，而这些都取决于学生的身体发展情况。

（3）高校田径教学计划中要保证运动负荷的合理性：教师在制订各种高校田径运动的教学计划时，一定要综合考虑运动负荷与量。具体来说，应该考虑的因素主要包括：学生的身体特点；教学的季节性特点；教材单元教学的特点；季节、场地、器材、教材等。

（4）运动负荷的安排要因人而异：高校学生之间存在着必然的身体状况共性与个性的关系，这就要求高校田径教师一定要在思虑周全的基础上再确定适宜的运动负荷。一般的，从学生的整体情况来看，在整体趋同性的基础上，还要关注一些学生的特殊情况，要把整体要求和区别对待结合起来。

（5）参照适应性规律来对运动负荷进行适当调整：对于高校田径教学的学生来说，其运动负荷不可能始终停留在某个水平上，运动负荷的需求应该是不断提高的。因此，这就要求高校田径教师在各类教学计划的制订和具体安排时，要注意安排合理的运动负荷，同时要关注运动负荷在各个时期的节奏，对学生的机体产生足够的刺激，从而取得理想的教学效果。

（6）逐步提高学生自我控制运动负荷的能力：高校田径教学，尽管将学生的田径运动练习作为关注的重点，但也并不意味着就可以忽略田径理论方面的知识传授。理论性教学往往能够为学生奠定良好的田径理论基础，对于更好地参与到田径运动练习中有着重要的指导意义。为此，教师在高校田径教学过程中要加强运动负荷以及运动处方等有关知识的教育，教会学生一些自我判断运动负荷和调整运动负荷的常识，以便他们在自主性的运动中能够把握好自身的运动负荷，并逐步学会锻炼身体的方法。

八、安全性原则

（一）安全性原则的体现

所谓的安全性原则，就是指在任何内容和形式的高校田径教学中都要首先保证学生的绝对安全。通过进一步拓展延伸，安全性原则还涉及高校田径教学的内容，学生参与田径运动的相关安全知识和简单的运动伤病防治等教育内容都属于这一范畴。

（二）安全性原则的贯彻

在高校田径教学过程中贯彻实施安全性原则，需要对以下几个事项和要求加以注意。

1.树立"健康第一""安全第一"的教学理念

高校田径教学的安全始终是学校体育建设过程中必须要重视的大问题，安全问题已经成为普遍关注的重要问题。但是，包含高校田径教学在内的体育教学的安全事故仍时有发生，这就要求在高校田径教学过程中一定要做好各种安全预防工作，贯彻"安全第一"的教学理念，把学生的安全问题、健康问题作为高校田径教学工作的重点来抓。

2.对高校田径教学中可能出现的各种隐患考虑周密并作相应预案

对于教龄较长的高校田径教师来说，长期的高校田径教学已经为他们积攒了足够多的经验和惨痛的教训。将这些内容加以汇总和归纳，并对可能发生的危险做出相应的预案，如此便可以在事故发生的第一时间从容淡定地做出正确的处理办法。为保证高校田径教学的安全性，教师从课程最开始的设计上就要有充分的考虑，首先就要保证合理、无风险，或风险在可控范围之内。

3.重视对学生进行安全运动的教育

在高校田径教学过程中，教师和学生都是重要的主体。因此，关于高校田径教学的安全性，也是需要教师和学生共同努力才能实现的。首先，高校田径教师要对教学的安全性有全面且严谨的重视和考量；对于学生来说，则要建立良好的自身安全意识。

4.要保证高校田径教学制度与设备的安全性

高校田径教学中的很多内容都是需要借助相关的器械设备才能完成的。因此，这就要求对于一些对安全等级要求很高的器械要制定严格的安全制度，根据学生实际情况适当限制某些运动危险部分的教学内容和教学手段。除此之外，还要对那些比较容易发生危险的体育设施要安装必要的保护装置和必要的警示标志，警示学生在自主性学习时要注意防范危险。

第三节　高校田径教学课的组织与实施

一、高校田径教学课的概述

（一）高校田径教学课的概念及内涵解析

所谓的高校田径教学课，就是指在高校中以走、跑、跳、投等多种身体练习形式为手段，充分体现出竞技性、健身性、实用性等特点，以各个练习项目为主要内容，以发展人的基本运动能力，促进身心健康全面发展为主要目标的教学课程。

高校田径教学课是在传统田径体育课的基础上进行的进一步拓展，包括定向越野、野外生活生存技能等内容的相关课程。新的高校田径教学课以走、跑、跳、投等基本运动能力为基础，全面发展体能，学习并掌握与人未来的生存、生活、终身体育密切相关的知识、技能与方法，这是其显著特点。

（二）高校田径教学课的价值体现

高校田径教学课有着非常高的价值，这种价值具有多元化特点，在生理、文化等各个方面都有所体现，具体如下。

1.发展体能方面

以田径健身的属性为基础，全面发展走、跑、跳、投等基本运动能力，促进身体全面发展，为学生学习、满足未来生活生存需要奠定基础。

2.发展生存技能方面

通过发展体能和生存技能的学习，奠定良好的身体、心理、社会适应的基础。

3.运动文化方面

传承田径运动文化，学习和掌握田径运动的基本理论与知识、基本技术与方法。

4.终身体育方面

拓展的内容与生活、工作、休闲密切相关，为终身体育奠定基础。

二、高校田径教学课的主要类型

高校田径教学课的类型主要有两种，即教学课和训练课。

（一）高校田径教学课的类型

高校田径教学课又可以进一步进行类型上的划分，即理论课，实践课，考试、考查课，实习课。

1.理论课

理论课，主要是指针对田径理论知识的教学课。主要包括：田径运动概述、田径教学理论与方法、田径竞赛的组织与裁判工作、田径场地；定向运动方面的定向越野运动概述、识别地图、设计和编制路线图、比赛基本规则、小型定向越野比赛的组织方法和注意事项；野外生存生活方面的野外生存生活概述、野外生存生活活动的设计、组织与注意事项。这种类型的田径教学课可以借助于讲授课、自学答疑课和讨论课等形式开展。

2.实践课

实践课，是对田径各个项目的技能以及比赛等的实践练习教学课。这种类型的教学课可以采取各种各样的教学形式来进行，比如技术教学课、教学比赛等。

3.考试、考查课

考试、考查课，是对所学的田径理论知识与实践知识进行考核和评价的教学课。这种类型的教学课可以采取口试、笔试、技评、达标与比赛和作业等教学形式。

4.实习课

实习课，是对所学的田径相关的教学以及比赛的相关知识进行实习的教学课。这种类型的教学课可采取教学实习、竞赛组织和裁判实习等的教学形式。

（二）高校田径训练课的类型

1.基本运动能力训练课

（1）走、跑、跳、投的多种健身练习方法与手段。

（2）走、跑、跳、投的多种教学方法与手段。

2.田径运动技术训练课

涉及的运动项目主要有短跑、中长跑、跨栏跑、接力跑，跳远、跳高，铅球、标枪。各校可根据实际情况选择相应的运动项目加以训练。

3.实用技能训练课

高校田径实用技能训练课的内容主要包括越野跑，远足，游戏性、休闲娱乐性跳跃和投掷。

除此之外，还有定向运动与野外生存。其中，前者的训练内容包括：利用地图和指南针进行定向和辨向、选择路线、寻找检查点等基本技能的练习方法与手段，借助绘图软件，自制用于教学、训练的简单定向越野地图的方法。后者的训练内容则主要包括：野外宿营、野外饮食、特

殊地形的行走与穿越、野外方位的辨别等野外基本生存生活技能的方法
与技能；使用安全带、降绳、上升器攀登、搭绳过涧、穿越丛林、保护
与帮助等野外生存生活特殊技能的方法与手段；野外安全急救、搬运伤
员的方法和注意事项。

4.比赛训练课

主要是对田径比赛中各项能力的训练。

比赛训练课的主要目的是训练学生专项技术的灵活运用能力和比赛
适应能力。

5.综合训练课

主要是对上述几种训练课内容的综合。

这一类型训练课的主要目的是使高校学生的身体素质、技术以及比
赛等多方面的综合水平和能力有所提高。

6.调整、恢复训练课

主要是对田径训练过后高校学生身体机能的恢复和调整。

这一类型训练课的主要目的是使高校学生的专项技术水平得到保持。

7.测验课

主要是对高校学生身体素质指标以及运动水平指标的检测。这一类
型训练课的主要目的是评定高校学生田径训练水平。

三、高校田径教学课的组织

（一）高校田径教学课组织的基本要求

要做好高校田径教学课的组织工作，需要满足以下几个方面的基本
要求，从而保证田径教学课的顺利开展。

1.加强学生田径运动理论知识的学习

进行田径教学，首先要对田径有充分的了解，这是理论知识学习的
必要性。对于高校学生来说，思想政治教育也属于理论知识学习的范畴，
要让学生了解田径教学活动开展的目的、任务，将学生参与田径教学课
及其相关训练活动的积极性、荣誉感和责任感充分调动起来。对于高校
田径教师来说，其需要做的事情有很多，主要有：坚持对学生的严格要
求、严格训练；对于高校学生在田径教学过程中经常出现的问题要及时

发现，并提出切实可行的解决方法；激励学生尽可能地完成教学与训练等任务；在教学过程中全面贯彻党的教育方针，培养高校学生高尚的道德和意志品质；根据学生的实际情况，有针对性地选择和运用各种方法、手段，将田径运动的相关知识传授给学生；要做到每次课都要承上启下，互相联系。

2.加强学生的实践练习，提高综合运动能力和素质

田径运动作为基础性体育运动项目，其本身有较为特殊的特点，要想顺利完成高校田径的教学任务，就必须在组织上采取相应的有效措施。但是要强调的是，采取的措施要以实际的客观条件为依据来进行。

在高校田径教学课中，由于田径运动项目众多，不管是进行理论、技术教学，还是技术训练，往往都会存在系统性欠缺的问题，或大或小，照顾和组织管理工作的难度较大。鉴于此，教师要做好科学合理的教学、训练计划，然后尽可能地培养一些学生骨干，这样可以方便地进行分组练习。有学生骨干带领、组织、帮助小组同学练习，不仅能够帮助教师进行教学活动，协助教师更好地完成教学任务，还能够增强这些学生骨干的分析、组织、管理能力，提高他们发现问题、分析问题和解决问题的能力，这也为我国体育后备人才的培养创造了有利条件。

（二）高校田径教学课组织的主要内容

高校田径教学课的组织涉及的内容主要有以下四个方面，在进行相关组织工作时，要加以注意。

1.学生的组织

关于参与高校田径教学课的学生组织，主要是指教学训练活动，其主要有两种形式，一种是集体（全队或小组）训练，一种是个人训练。通常会将这两种训练形式结合起来用。

2.练习的组织

关于参与高校田径教学课练习的组织，其所涉及的内容主要包含两个方面：一个是训练课作业进行的程序，一个是作业内容的安排。

3.课程的时间安排

高校田径教学课的时间通常是按照45分钟一个学时进行的，但也会有两个学时即90分钟为一节课的。对课程的时间的合理运用，对教学任

务的完成以及教学活动的顺利开展有非常重要的作用和影响。

4.运动负荷的安排

在高校田径教学课的活动中,一定会涉及运动负荷的安排这一重要内容,因为其在很大程度上对一堂教学课的成功与否产生决定性影响。一节完整的田径教学课的适宜运动负荷应保持在:运动密度控制在75%左右,平均运动心率要达到140~160次/分钟。可见,确定高校田径训练课的合理运动负荷至关重要。具体来说,首先要根据学生的实际情况来将运动负荷确定下来;其次,要遵循循序渐进的原则来增加运动负荷,由小到大。

四、高校田径教学课的实施

(一) 高校田径教学课实施的基本要求

1.树立正确的教学指导思想

明确课程为培养目标服务的指导思想,将高校田径教学课的功能充分体现出来,以《全国普通高等学校体育教育本科专业课程方案》《普通高等学校体育教育本科专业各类主干课程教学指导纲要》(以下简称《指导纲要》)为依据,构建新的教学内容体系。

2.制定切实可行的教学文件

《指导纲要》为高校田径教学课提供了教学的总体要求,各高校在执行过程中,可以以本校教学条件和师资力量等实际情况为依据,制定相应的教学文件。

3.选择与整合课程教学内容

以《指导纲要》提出的高校田径教学课教学目标为依据,各高校以自身的实际情况为依据,不断充实、更新和精选田径教学内容,整合课程内容,组织高校田径教学的开展。

4.不断改进教学方法

在高校田径教学课中,要转变传习式技术教学的观念,倡导启发式教学和研究性学习,重视学生创新精神的培养和实践能力的提高。

积极引进多媒体辅助教学,努力开发教学课件,积极创设与改造教学条件,保证高校田径教学课内容的实施。

认真开展教学研究活动，探讨课内外相结合的教学模式。加强组织与指导，培养学生自主学习的能力，组织与鼓励学生积极参加社会实践活动，提高高校田径教学课的质量和水平。

（二）高校田径教学理论课的实施

高校田径教学课的任务之一，就是让学生掌握田径运动以及技术基本理论，田径运动的产生与发展历程、发展现状、发展趋势，田径运动的教学、训练、裁判、组织竞赛方法等基本知识。

一般的，高校田径教学理论课是参照教学大纲所列出的题目，采用课堂教学的形式来完成的。通常高校田径教学理论课的授课方式为教师的讲授，同时辅以适当的课堂讨论。具体可以按照以下步骤来进行。

（1）教师可以借助提问或讲述的形式，对学生进行积极的引导，使其能够对前次田径教学理论课的内容加以回忆，为讲授新的田径理论内容做好准备。

（2）对本次田径教学课的理论内容进行重点讲授，同时，也要反复论证田径教学课的重点和难点。

（3）强化田径教学课的新、旧内容，使学生在课堂上就能对本次田径教学课的主要知识内容有所理解。

（4）在结束部分，教师要做简明扼要的总结，并对本堂田径教学课的知识点进行归纳，布置课后作业，宣告下堂田径教学课的内容，让学生做好预习。

通过田径教学课理论知识的学习，要能够达到使学生做到理论联系实际和指导实践的目的。当前田径教学课理论知识教学的开展可以应用的教学方式有很多种，并且科学技术水平越来越高，如幻灯、投影、录像等多媒体教学手段的应用，将学生学习的积极性和能动性充分发挥出来，这是非常有助于学生分析问题和解决问题的能力的提升的，是值得大力提倡的高校田径教学课组织形式。

（三）高校田径教学训练课的实施

在高校田径教学过程中，训练课部分通常可以分为三个方面来开展。

1.准备部分

（1）主要目的：要达到使学生从生理和心理上做好承受较大和最大

运动负荷的准备，尽可能降低不必要损伤的发生概率。

（2）主要任务：①组织学生，集中注意力，以提高教学效率。②加强神经系统、内脏器官及各肌肉群的活动，提高其兴奋性，以增强课堂的学习气氛。

（3）主要内容：通常，高校田径教学理论课的准备部分主要包含走、跑、跳、投各种技术练习以及相关的游戏练习等。需要强调的是，训练课不仅要做一般准备活动，而且还要根据实际需要做专门的准备活动。

（4）组织方法：通常情况下，是会采用集体形式进行田径教学理论课的组织的。

（5）时间安排：通常会安排15~20分钟。

2.基本部分

（1）主要目的：提高比赛能力和适应能力。

（2）主要任务：①使学生掌握和提高田径技术水平和技能。②发展运动素质，增强体质，提高田径技术水平。③培养学生良好作风和拼搏精神。

（3）主要内容：①发展学生的各项素质和田径运动能力，提高实践能力。②进一步增强学生的各项素质和能力。

（4）组织方法：以合理安排教材内容为主要途径，来组织教学活动。

（5）时间安排：一般的，教学课（两节课连上的）的时间安排在70分钟左右。训练课的时间安排通常占全课时的70%左右。

3.结束部分

（1）主要目的：促进学生机体恢复，最终使学生从生理上逐渐由运动状态平复下来，从心理上由运动状态逐渐恢复到平静状态。

（2）主要内容：慢跑、游戏、放松练习和注意力转换的练习等。

（3）时间安排：一般的，教学课结束部分的时间是5~10分钟，训练课结束部分的时间是15分钟左右。

（四）高校田径教学课实施的评价

高校田径教学课实施的效果需要经过相关的评价才能得出结论。一般的，会通过过程与结果的评价相结合、教师评价与学生评价相结合、他评与自评相结合等方式来对学生的学习情况进行全面评价。评价的内容主要涉及以下几个方面。

1.基本运动能力方面

（1）走、跑、跳、投等基本技术的掌握程度。

（2）以多种方法与手段发展体能的运用能力。

2.教学基本技能方面

（1）田径基本理论知识和基本技能的掌握程度。

（2）田径主要项目的运动技术水平。

（3）田径教学组织的基本能力。

（4）健身锻炼的指导与管理能力、竞赛活动的组织与裁判能力。

3.传承田径运动文化方面

（1）对高校田径教学课主要项目的文化特点的了解与掌握程度。

（2）对高校田径教学课主要项目的竞赛规则、场地、器材和装备的了解与掌握程度。

4.社会适应能力方面

（1）高校田径教学课对促进学生心理健康和提高社会适应能力的积极作用的理解程度。

（2）学生在学习田径理论和技术实践过程中意志品质、个性发展、创新能力和合作精神的表现。

（3）学生自主学习、研究性学习的表现和能力。

第五章　高校田径体能素质训练

田径运动对运动员的体能素质要求非常高，没有过硬的身体素质是很难完成田径比赛的，因此要将体能训练贯穿于整个训练过程的始终，不断促进运动员体能素质的发展和提高。本章重点阐述促进和提高田径运动员体能素质发展的方法，为运动员提供必要的理论与实践指导。

第一节　高校田径体能训练的研究背景

一、青少年体能下降

在信息化和全球化的时代大背景下，现代社会的快速发展将人们的生活质量推向了一个新的水平，人们在快节奏生活中日渐依赖于机械化产品和网络化技术，也正因为机械化和网络化的不断发展，人们的体力劳动渐渐减少，人际交流越来越方便，这都是现代化发展带来的积极影响。但是，尽管人们的生活水平达到新的高度，可是体质健康受到了影响，而且这一问题也没有引起高度重视。

社会建设与发展离不开新一代群体的参与和推动，这一群体的体能状况和健康水平不仅对自身生活质量有影响，而且对社会的持续健康发展也有重要影响。当前，我国青少年群体的体能和健康情况因为很多因素的影响而不容乐观。影响青少年体能健康的因素首先是教育的压力，虽然我国一直提倡素质教育，而且在素质教育理念与政策的推行中也确实取得了一定的成就，但是重文化学科教育而忽视体育教育的现象依然普遍存在。在传统教育环境下，青少年学生的文化学习时间基本上占满了他们在学校的学习时间，而被认为是不重要课程的体育课经常被无故取消或占用，所以学生的体育锻炼时间非常少。传统教育评价体系中，文化学科的成绩占有绝对的比例，而体育成绩占比非常小，不会在很大程度上影响学生的升学率。此外，随着现代科技的不断发展，各种电子产品层出不穷，这些科技产品对青少年有着很强的吸引力，一些青少年沉迷于电子科技产品而很少去户外活动，室内成为他们的主要活动空间，电子产品、电子游戏对青少年的吸引力超过了户外体育活动。事实上，不仅是青少年，其他年龄群体中也有大量的人沉迷于电子产品而足不出户，基本没有户外锻炼时间。作为社会未来的主要建设力量和重要接班人，青少年体质健康和全面发展的重要性不言而喻，这一代群体最值得政府与社会关注。

青少年体能与健康在我国是受重视的，我国在社会发展规划和国家建设中将此列入计划中，并采取了很多积极的措施来促进青少年体质健康。例如，国家提出"阳光体育"项目，并面向全国各地推行该项目，鼓励有关部门及社会各界积极配合与支持；我国定期开展学生体质调查研究，建立并完善学生体质调查研究制度，长期监测学生健康状况，系统分析学生健康问题，研究干预措施，全面了解与促进学生体质健康与发展。在政府与有关部门的长期努力下，青少年的体能和健康状况整体有了改善，具体表现为营养水平提升，身体形态发育良好，患病率降低等。但与此同时依然存在很多显著问题，有些指标甚至逐年下降。有关调查研究结果指出，现阶段，营养过剩的问题在青少年群体中非常普遍，青少年群体中有一定比例的学生存在超重或肥胖的问题，而且这一比例有上升趋势，不管是城市还是农村都是如此。除了体重问题外，近视问题也很普遍，不仅近视患者比例增加，而且低年龄学生近视的情况越来越多。青少年学生的心肺系统功能也因为环境因素而受到影响。青少年的力量、速度和耐力等体能指标的测试成绩也不理想。总之，青少年的体能和健康现状依然比较严峻，从长远来看，解决这一问题任重道远。如果不及时解决青少年的体能与健康问题，将会严重影响个人成长和社会发展。青少年时期如果不打下健康基础，不养成良好的运动锻炼习惯，那么随着年龄的增长，其体能就可能越来越差，健康问题也接踵而至，心血管系统功能下降和肥胖问题都可能增加中老年时期慢性疾病的发病率，可见年轻时不重视健康，健康问题就会严重影响以后的生活。此外，作为国家的未来和民族的希望，青少年是我国非常重要的人力资源，如果他们的健康得不到保障，那么我国未来的发展将令人担忧，而且如果不从国家层面宏观调控与管理青少年健康，那么将会增加国家未来的养老经费和医疗成本，这会给国家财政造成很大的压力。

青少年体能与健康状况的改善需要运动干预的介入，很多地方教育部门明确提出要让孩子有课外活动的时间，灵活安排学生的课外活动时间与活动内容，学生长期参与课外体育活动，能有效改善体能和体质，提高运动能力和健康水平，还能提升艺术修养，提高综合素质，促进全面发展和终身发展。但是一些学校很难保证学生的课外活动时间，一方面的原因是意识上不重视，重文轻体；另一方面的原因是学校办学条件有限，如缺少活动经费，没有充足的运动场地，没有专业的教师指导学生参与课外活动等。这些影响了学生在课外体育锻炼中改善体能与增强体质的效果。

青少年体能与健康水平不容乐观是多方面原因共同造成的结果。随着社会现代化发展进程的加快和发展水平的提高，人类的生活环境发生了变化，尤其是人类赖以生存的自然环境遭到了破坏，以致影响了全人类的健康。另外，科技发展带来的便捷生活使学生少了锻炼体能的机会，小规模的家庭结构使得在"温室"中成长的独生子女过于娇弱而缺乏抵抗力。青少年的健康问题还与其个人行为习惯、生活方式有很大的关系，如饮食不规律、缺乏锻炼、没有养成良好的行为习惯等。只有了解了影响青少年体能与健康的因素，才能对症下药，提高解决问题的针对性与有效性。现代文明和生产力发展到今天这个水平，人们的生活发生了翻天覆地的变化，人们享受人类文明成果，享受高品质生活，享受越来越完善的社会服务，理应获得更全面的健康，包括身体健康、心理健康、社会适应健康、道德健康等，全面健康是人类的共同追求与愿望，需要全人类共同努力。

二、大学生体质健康状况堪忧

当前，我国大学生体质健康状况并不好，很多高校都存在这个问题，近些年新闻媒体报道的大学生在军训或体育课过程中猝死的事件更是将大学生的健康问题推向大众视野，使之受到社会的广泛关注。我国政府有关部门，包括体育部门、教育部门、卫生部门都很重视大学生的体质健康问题，并联合组织开展大学生体质调研工作。相关调研数据显示，我国大学生的体能素质，包括力量、爆发力、柔韧性、耐力和速度等都不是很理想，这主要从大学生体能测试成绩合格率、优秀率低的客观数据中体现出来。

不仅普通高校大学生的体能和健康状况不容乐观，一些体育院校或普通高校体育专业的大学生也存在体能与健康问题。体育专业学生是体育师资与运动员的重要来源，他们应该有健康的身体与心理素质，应该具有良好的健康素质和自我保健能力，同时也应该有指导他人保健的能力。良好的体能水平与健康水平是体育专业学生应该具备的基本素养之一，如果该专业学生体质差，体能不达标，那么不仅影响个人健康，在以后从事体育相关工作后，也难以充分发挥自己的作用。所以不管是普通高校还是体育院校，都要重视学生的体质健康和体能水平，加强健康干预与管理，有效提升大学生的体能水平，全面促进学生健康。

三、国家重视青少年健康与全面发展

（一）国家重视青少年健康

青少年的成长与健康历来受到党和政府的高度重视。体育是促进青少年健康成长的重要学科，学生参加学校体育课与课外体育活动，通过科学的体育锻炼，可以大大提高健康水平。正因如此，学校体育也受到了高度重视。为了有关部门能够以更严谨的态度重视学校体育工作，为了全面推行素质教育理念与政策，为了全体学生的健康，我国召开全国学校体育工作会议，学校体育的地位大幅提升。我国还开展了关于青少年体育工作的专题会议和研究，会议上就青少年健康和学校体育工作的方向提出了要求，作出了指示。这对我国发展学校体育来说，是来之不易的机会，学校体育发展事关我国体育事业的发展水平，甚至关乎民族命运和祖国未来。所以学校要抓住机遇，积极发展学校体育工作，从思想上高度重视开展学校体育工作，并理解开展这一工作的紧迫性与重要意义。学校通过顺利开展学校体育工作，大力改善青少年体能与健康状况，为青少年全面发展奠定良好的健康基础。

一个民族的健康素质是建立在青少年健康基础上的，正所谓少年强则国强，少年弱则国弱。青少年的健康成长也离不开一个健康素质高的民族，这是基本条件。

青少年健康不仅对家庭幸福有影响，对国家综合实力、国家竞争力以及民族繁荣也有重要影响，所以要给予高度重视。

我国学校体育事业近年来随着我国体育事业和教育事业的不断发展也有了明显的进步。随着教育的深化改革与不断创新，学校体育的地位不断凸显，学校体育的重要性也一再被强调，学校积极开设体育课，响应党和国家的号召，配合国家在学校体育工作方面的战略与计划。为了促进学校体育的发展，搞好学校体育工作，学校体育教师付出了很多努力，在众多力量的共同参与和配合下，学校体育工作取得了一定的成绩。

在学校体育工作不断推进的同时，我们也要客观看待学校体育发展中存在的现实问题，这些问题的存在严重影响了青少年的健康成长与全面发展。在传统教育理念的影响下，文化课成绩和升学率依然被放在学校教育的首位，学校体育课和其他文化学科课程相比，地位还是有差距的，甚至有些学校都不能保证每周的体育课时，课外体育活动更是非常少。一些经济落后地区，因为缺少教育经费，运动场地简陋，健身器材单一陈旧，而且没有优秀的师资，所以无法顺利开展体育课，直接影响了青少年的体能与健康，影响了新一代的成长，也影响了他们的未来。可见，现在仍然有一些不利因素严重威胁着青少年的健康，对我国人才培养质量和全民健康战略的实施也造成了严重的影响。对此，学校体育作为素质教育重要切入口与突破口的地位和重要性还有待进一步强调，教育部门和其他相关部门还要进一步发挥号召力，强调学校体育的重要性，对学校体育相关政策进行完善，为学校体育的发展提供重要保障。学校教育要确立"健康第一"的教育理念，在该理念的科学指导下正视学校体育的重要性，在学校教育体系建设中突出学校体育的重要地位。以人为本也是学校教育的重要指导思想，学校要坚持以学生为本，关注学生健康，在学校教育目标的制定中确立增强学生体质、促进学生健康的基本目标，在学生评价中将体质健康纳入指标体系，全面衡量学生的健康与发展。学校也要积极落实体质测试工作，及时了解学生的体质状况和健康问题，以便加强干预，提高干预效果。各地在推进小康社会建设工作时，也应该将青少年健康作为重要任务之一，将青少年健康促进工作置于一定的高度而时刻予以关注与重视。

学校体育课和课外体育活动是学校体育的重要组成部分，也是学生参与体育活动，学习体育知识和进行体育锻炼的主要形式，因此要特别重视。尤其是体育课，它是学校体育的核心，必须保证体育课的课时充足，教学内容丰富，教学方法科学，教学评价全面。尽可能不无故占用体育课，更不能取消体育课。学生的作息也很重要，学校要保证学生有充足的休息时间，要对学生作息制度予以规范和完善，合理安排学生的休息时间、上课时间和体育锻炼时间，保证学生每天的体育锻炼时间不少于1小时。另外，阳光体育项目是国家针对青少年健康而提出的，学校要积极配合国家推行这一项目，并加强学校体育革新，促进青少年体能发展和各方面素质的提升，落实素质教育政策，实现素质教育目标。在素质教育背景下开展丰富多彩的课外体育活动，使学生养成良好的锻炼习惯，将体育锻炼作为日常学习与生活的一部分，最终树立终身体育锻炼的意识，为终身健康奠定良好基础。

关乎国家未来和民族繁荣昌盛的青少年健康理应得到高度重视，得到各界关注与关心。不仅教育部门要为青少年的健康高度负责，不断监督学校体育工作，同时家庭、学校、社会相关企事业单位和组织团体也要积极配合工作，共同促进青少年健康和全面发展，使青少年以强健的体魄为祖国的建设添砖加瓦。

（二）国家重视青少年全面发展

人的全面发展是建立在健康基础上的，没有健康就谈不上全面发展，健康是基础条件，也是必要条件。人的全面发展对推进社会政治、经济、文化的全面发展及推进人类物质生活和精神生活的发展具有重要意义，当然，人的全面发展也需要良好的社会环境，需要具备良好的物质文化生活和精神文化生活，全面发展与这些因素都是互为基础和前提的。人的全面发展水平越高，就能创造出越多的物质文化财富，就越能改善生活质量，反过来，充足的物质文化条件又对人的全面发展具有积极的促进作用。马克思主义理论关于人全面发展的观点就体现于此，在青少年健康教育与全面教育中要坚持马克思主义全面发展理念的科学指导。人的全面发展需要多方面的推动与促进，其中起主导作用的是教育，全面教育是促进人全面发展的重要渠道，这一点必须承认，而所有教育中最基础的就是青少年教育，青少年教育在推动人的全面发展中起到了重要的不可替代的奠基作用。人不可能在短时间内实现全面发展，人的身心发展都是有规律的，所以人的社会化也是有科学规律的，而且具有阶段性、长期性，不能急于求成。在人的社会化过程中，不同年龄阶段都要完成社会提出的特定目标，完成社会化课题，只有在每个人生阶段都顺利完成相应社会化阶段所提出的课题与目标，才能实现全面发展目标。

青少年在新的文化建设中起到的作用是在没有太多传统束缚的情况下进行大胆创新，青少年已经在一定程度上成为现代社会新文化建设的重要力量，现代社会中一些新的生活方式和语言方式源自青少年，而青少年的价值观念在新思想和新观念的传播和发展过程中也起了非常重要的作用。从这个角度而言，青少年的素质影响到整个民族的素质。

我们反复强调，青少年是国家的未来，是民族的希望。各国在勾画未来社会发展蓝图的时候，都不约而同地把战略眼光集中在年轻一代身上。青少年是社会建设和发展的潜在主力军，青少年素质的全面提高和身心健康发展关系到整个国民素质的提高和现代化建设目标的实现。

加强青少年教育既是青少年发展的需要，也是促进社会主义物质文明和精神文明发展的现实需要。我国自改革开放以来所创造的良好的社会环境为青少年的全面发展提供了广阔的空间，开辟了崭新的途径。社会的发展也对青少年教育提出了更高的要求。教育内容要面向变化与发展的现实世界，着眼于培养青少年的创新精神和创新能力。

随着知识经济社会和智能化时代的到来，如何在素质教育的不断发展中确立和保持正确的人才观，既能使拥有不同天资和强项的学生都能够获得最适合其自身特质的发展，又能使每个学生各方面的素质发展达到平衡，为适应今后学习化社会的需要而奠定可持续发展的智能结构，也成为青少年素质教育必须研究的重要课题。然而，在现实的教学过程中，我们仍然过分强调学科知识的传授，特别是课本上的知识，而忽视了培养学生的实践能力、创新精神、心理素质以及情绪、态度和习惯等综合素质。长期以来，学校在培养学生的智能方面都只注重语言和数理逻辑智能的评价，主要围绕教学大纲实施课程内容，将学生通过考试取得高分作为教学的主要目标，忽视了学生其他能力与素质的平衡发展。

要促进青少年的全面健康发展，必须发展青少年眼前的智能优势，同时带动学生眼前的智能弱势，实施"扬长"教育，直击学生智能底线，兼顾知识传授、情感交流、智慧培养和个性塑造，全面关注青少年成长与发展。在充分认识、肯定和欣赏其优势智力领域的基础上，鼓励和帮助他们将自己优势智力领域的特点迁移到弱势智力领域中去，从而最大化发展自己的弱势智力，使不同类型的智能得到全面协调的培养，达到优化素质结构的效果，并提高其在学习生活中获得成功的能力，为青少年的健康与全面发展奠定基础。

四、运动训练学的科学性是学科应用和发展的必然趋势

我国运动训练理论研究起步较晚，但发展较快。20世纪60年代初，我国学者已开始广泛研究运动训练过程中带有普遍规律性的问题。在此后一段时间里，体育工作者致力引进一般训练理论。受外来运动训练理论的影响，我国运动训练学的发展方向始终循着宏观、微观两条路径向纵深发展。

第一，运动训练理论分化发展，即从不同侧面探索运动训练的规律，如：运动员专项理论训练方法与手段的创新与设计；运动员竞技能力构成的理论模型与实证研究；运动员程序化参赛研究。

第二，运动训练学理论的高度整合，即站在竞技体育的整体高度探索运动训练和竞赛的基本规律，如科学构建"运动训练理论"框架，将竞技体育运动史、战略规划、运动员选材、运动训练、运动竞赛、运动管理的知识体系融为一体。1983年，由我国体育科学学会组织全国运动

训练学界的专家、学者编写的第一本专著《运动训练学》出版。1988年，第一本正式教材《运动训练学》出版，这本教材的发行标志着我国建立了一般训练学理论体系且运动训练学理论进入深入发展阶段。之后，我国学者编写了大量学术造诣很高的专著，如《论运动训练过程》（田麦久，1988年）、《运动训练科学化探索》（田麦久等，1988年）、《运动训练学》（徐本力，1990年）等。另外，20世纪80年代起，不同时期的学者分别设国际、国内两条主线追寻运动训练学理论的历史发展行踪，并阐述了各阶段理论发展的特点。随着我国竞技运动水平的提高，运动训练学理论研究也在不断发展与完善，我国学者提出并完成了一批开创性研究成果。运动训练学同所有科学的理论一样，既要体现理论的完整性，又要注重实践的应用性。针对现代竞技体育变革的多样性和复杂性，运动训练学理论应客观、准确、及时地反映当前竞技体育发展的理论与实践的前沿，既要梳理与提炼训练实践成功经验，又要在集成各个体育学科最新研究成果的基础上不断丰富、深化和完善运动训练与竞赛理论。主要表现在以下两个方面。

（1）理论体系的完整性是科学发展的需要，也是科学研究对研究主体提出的要求。从20世纪70年代末开始，我国一些体育理论学者已经注意国际上一般训练理论与训练学的创立和发展趋势，从苏联、德国等国家积极引进运动训练学思想，一些体育学院体育理论教师致力训练理论与方法的研究以及运动训练学的学科建设。由于运动训练学的理论体系主要是引进东欧国家的研究成果，以及各国社会制度、训练体制以及训练实践的不同，原有的训练体系与我国的训练实践存在客观差异，需要对其消化、整合与创新，因此这一阶段刚开始的研究重点放在构建学科理论体系上，主要总结、归纳、提炼我国竞技体育训练实践经验，并上升为理论以补充运动训练理论。

（2）20世纪90年代，运动训练学理论体系越来越完整，而且重心向训练实践倾斜。随着竞技体育的不断发展，运动训练实践中涌现出很多急需解决的新问题，同时也反映出原运动训练学理论在回归与指导训练实践中的不完善。训练实践与训练理论所提出的新课题，进一步调动了运动训练学专家学者的研究热情，在这一阶段，从深度与广度的多维方向对问题展开了有意义、有价值的探索。这些研究主要涉及运动员竞技能力结构与选材、运动员竞赛过程、高水平运动员训练过程系统安排以及运动训练方法与竞技能力挖掘等多个方面。

五、高校课程改革为体能训练应用提供机会

体育学科作为学校教育的重要组成部分，在学校教育的不断改革中也经历了多次变革。随着改革的深入，基础教育改革的课程和教学领域中校本课程、综合实践活动课程的开发与实施占据主导地位。在新课标"不具体确定教学内容，只注重目标结果"的指导思想指引下，各地学校可以依据教学目标的要求和学校的实际情况进行选择。这就给学校和教师提供了一个选择新教学内容和实施新教学方法的广阔空间，教师可以基于标准、学校的实际情况和自身优势选择适合的教学内容。这样就为在高校体育教学中进行体能训练理论和实践的创新提供了广阔的空间。

内容创新、教材多样化、体系创新是高校体育课程改革的重要方向与趋势，这主要体现在以下几方面。

（1）突出空间的可开发性，从"封闭"走向"开放"。高校体育课程改革将传统体育课程活动空间设定在学校甚至教室的视野从"封闭"走向"开放"，强调学校体育深入社会，服务社区，参与实践建设等活动。目的在于为学生终身体育意识与习惯的形成提供社会交往和发展空间。

（2）体育课程权利由国家主体向学校主体回归，赋予了学校和体育教师在课程上的自主决策权。高校体育课程改革提出建立以基础、拓展和提高为主干的课程结构，从而提升了对学科功能的追求。在这一新结构模式下，学校体育的多维功能有了表现空间，使办出"特色"、办出"水平"有了可以大展拳脚的操作平台，体现课程适应学生、课程适应社会的发展方向。

（3）课程的目的、任务超越"增强体质与提高运动技能"的目标范式。突出健康目的，明确学生"运动参与、运动技能、身体健康、心理健康、社会适应"5个领域的目标。要求学生"学会健体"，要为终身体育奠定基础。

（4）学校体育的本质存在由"三基"目标取向向学生的"生活世界"

回归。体育与健康课程经过改革后，"选修"教材比例的增加是一个很明显的变化。这说明课程为学生提供了尽可能多的选择，更强调学生在体育学习中的"自主性"活动，体现了因人而异设置课程的理念。

（5）分级教学，打造学生个性发展新平台，从一个训练模式向多个模式、多个层次的空间发展。形成以学习者为中心，以主动参与、积极探索、主动思考、主动创造为基本学习方式的新型教学过程。

（6）遵循"健康第一"的教育思想，以素质教育目标为出发点，将课外体育、校外体育、运动训练纳入体育课程，形成课内外、校内外等多种课程的有机联系、相互配合的课程结构。正确理解高校体育课程改革的进展及现状，捕捉新的课程理念，有的放矢，防止偏差，这是当前高校体育课程改革的重要保证。以课程改革的设计活动为起点，把对课程价值的认识落实到具体策划中，为课程实践提供符合价值取向的"蓝图"。

（7）依据"与时俱进"的价值尺度，从哲学视角挖掘与解读学校体育教育的内涵，确立学校体育对促进社会和人的发展的责任担当。

（8）课程概念的内涵更丰富、广阔，其运作方式从运动技能逐步向运动、健体、休闲、娱乐的多元化方向发展，强调课程多元的辐射效应与整合，注重对终身体育与健身锻炼能力的培养，并注重培养团队意识与合作精神，培养运动、休闲、娱乐与体育人文精神及价值观。反映出体育知识增长的因素及趋势与社会生活关怀的整体性。

（9）以人为本、知行合一、个性张扬、可持续发展、创造学习是体育课程内容的精髓和亮点。

（10）新课程改革强调师生互动，发展学生的主体性；鼓励教师创新，开设灵活多样能提升学生身心素质的新型课程；倡导开放式教学，提倡个性化、多样化课程教学法，注重教学研究，加强对学生训练方法的指导。

第二节 影响学生体能素质的因素

一、先天因素

在成长的过程中，其身高、体型等都会受到父母的影响，这就是先天遗传因素在起作用。另外，一些遗传性疾病，如色盲、精神病等，如果青少年的父母患有这些疾病，那么其患病的概率就要比健康的人高一些，这都是遗传因素在起作用。总体上来看，每一个人的发展都会受遗传因素的影响，有时候甚至遗传因素在其中起决定性作用。因此，在选拔运动人才时要将先天遗传作为一项重要的标准。

我们已经知道，先天遗传因素对学生的发展起着极为重要的影响，而后天环境因素也发挥着极为重要的作用。我们通常所说的遗传变异就是受后天环境的影响导致的。人的身高在很大程度上受父母的遗传，除了父母的遗传因素外，后天的锻炼也是非常重要的，通过大量的后天锻炼，子女的身高会超过父母的平均身高水平。因此，通过外界环境的改善，人的机体能朝着良好的方向发展，而后天获得的优势又能通过遗传因素传给下一代，从而形成一个良性循环。除了良好的环境对人的机体发展产生有利的影响外，不良环境也会对遗传产生不利的影响。因此，营造一个良好的环境对于学生的成长与成才也是十分重要的。

另外，遗传因素还会对人的心理产生重要的影响。据相关调查研究发现，人的智力发育水平在很大程度上受先天遗传因素的影响。如一个孩子在出生后就由高智商的养父母抚养成人，但其智商水平与亲生父母相近，这充分说明，先天赋予个体智能的差异与遗传因素有着极为密切的关系。但是，需要注意的是，青少年身体素质的发展，受到的环境因素的影响也是非常大的，这需要引起高度重视。作为一名学生，在平时的学习与生活中要注意后天环境的影响，不断发挥自身的特长与优势，成长为一名高素质的人才。

二、后天因素

(一) 身体疾病方面的因素

一些慢性疾病会对学生的身体健康造成严重的影响，如患血吸虫病的青少年与未患病的青少年相比，身高普遍处于一个较低的水准；而患有甲状腺肿疾病的青少年，其身体发育会受到严重的影响，与正常同龄青少年相比，身高、体重明显要低；而患有胃肠道疾病的人通常消化吸收能力都相对较弱，长期如此则会造成营养不良的后果，尤其是对于青少年而言，这会严重影响到其身体的正常发育，更加不利于正常的生活、学习和训练。青少年因疾病无法正常的生长发育，更不用说是进行体能训练发展了，因此，青少年在参加体能训练的过程中要注意保护自己不受疾病的侵袭，针对疾病，要采取预防与治疗相结合的措施和手段，主要是以"预防为主"，在平时的体育锻炼中注意环境卫生和个人卫生习惯，从而有效避免慢性疾病，促进身体素质的健康发展。

(二) 心理素质方面的因素

受各种因素的影响，学生一般会表现出各种积极或消极的情绪，这与学生的心理素质有着极为密切的关系。通常情况下，消极情绪会给人体的各系统功能带来不利的影响。而在积极的情绪之下，学生的身心则能获得健康发展。如今各种现代化技术得到了广泛的利用，科技在带给人们实惠与便利的同时，也带来了诸多的社会文明病，如高血压、心血管病等，以及与心理因素有关的心理疾病等，这些都严重危害到人们的身心健康。这些社会文明病都与人的心理有着极为密切的关系。

学生在平时的学习与锻炼中，一定要注意自身的心理健康，出现心理问题时一定要及时进行治疗。如果发生一定的心理疾病，不能仅靠药物治疗，而是要从根源上采用心理治疗手段解决，这样才能取得理想的效果。

(三) 日常营养方面的因素

处于青春发育期的学生，其身体发育需要大量的营养作保障，如果缺乏营养或者营养不良就容易导致出现各种发育问题。因此，学生一定要在平时的学习、生活与训练中注意营养的摄入与补充，如果补充的营养不够，其身体系统功能就会受到一定的影响，不仅不利于运动锻炼的顺利进行，甚至危害身体健康。

总之，学生在平时的生活与训练中一定要注意营养的补充，合理搭配各种食物，烹调要合理，避免破坏食物的营养结构，造成营养的损失。同时还要养成一个良好的生活习惯，确保每天都能补足营养，这样才能保证运动锻炼的顺利进行。

（四）体育锻炼方面的因素

大量的研究与实践表明，长期参加体育运动可以使人体各系统器官的功能得到增强，使大脑皮层及神经系统的协调指挥能力得到提高，使机体的新陈代谢和体格的正常发育得到全面促进，而且还能促进人的生理、心理等健康发展。需要注意的是，体育锻炼必须科学和合理，否则容易适得其反。

大量的事实表明，经常参加体育锻炼的人，身体的协调性和灵活性要更强，反应能力也更加迅速，同时还具有较高的想象力和发散思维能力，注意力高度集中，能够快速地融入周围的环境之中，这非常有利于学生的全面发展。

周围环境会对学生产生非常重要的影响。在良好的环境刺激之下，学生能有效提高大脑的兴奋度，迅速地适应周围环境。除此之外，经常参加体育运动训练，青少年的身体各项系统机能都能获得好的发展，如血液循环得到明显的改善，心脏收缩力进一步提高，肌肉日益发达，呼吸功能不断增强等。因此，体育锻炼是影响学生身体发展的重要因素之一，一定要引起重视，养成经常参加体育锻炼的好习惯。

（五）生活方式方面的因素

在各项后天因素中，生活方式是其中非常重要的一种。据相关调查发现，在人体的生长发育中，与不良生活方式有关的占到了一半以上，由此可见不良生活习惯对人的影响。另据调查统计，脑血管病、心脏病、恶性肿瘤这三大疾病是造成人死亡的重要原因，患有这些疾病的人群大多与不良的生活方式有着密切的关系。

相关研究与事实表明，不良的生活方式会引发各种疾病，在现代社会经常出现的"文明病"就是由于不良的生活习惯或方式而引起的，如各种交通工具的使用导致人们的运动能力不断衰退，社会竞争压力的加剧引发各种心理疾病等。这些心理疾病并不是只靠药物就能解决的，需要采取一定的心理干预手段。

因此，在平时的教学中，体育教师还要指导学生养成良好的生活方式，这样才能有效预防各种身心疾病。除此之外，家长还要与运动队、卫生部门等密切配合，为学生的身心健康发展提供良好的保障。

（六）自然环境与社会环境方面的因素

大量的事实表明，环境对人的发展影响甚大。众所周知，人类与环境之间的最本质的联系是物质和能量交换。这突出体现在以下两个方面：一方面，人的生命的维持要从环境中摄取必要的物质，为机体提供重要的能量；另一方面，人体内产生的代谢物会排到周围的环境之中，经过一定的改造与利用又会被人体所摄取。因此，环境的变化会对人体的正常生理活动产生非常重要的影响。

一般来说，环境因素主要包括自然环境和社会环境两个方面。加强这两个方面的建设能为学生顺利参加体育运动提供重要的保障。

1.自然环境

人的生存与发展离不开一定的自然环境，人与自然环境之间有着极为密切的关系。人们在自然界中生存与生活，除了向大自然索取一定的物质资源外，还受到大自然发展的影响。其中，气候和季节是影响人类生活的最为重要的两个因素，如：常年在寒带地区生活，这一地区的人们生长发育速度要相对缓慢一些，但是寿命要比热带地区的人长；在春季，一般情况下青少年儿童的身高要增长很快，秋季则是体重增长较快，这有一定的规律可循。总之，人体生长素在一定程度上受到气候和季节的影响。只有人与环境相协调，才能获得健康的发展。人的机体要与外界环境各要素保持一个动态平衡的状态，否则人体健康就会受到一定的威胁，不利于长期的健康发展。

学校或者某些训练基地是学生学习、生活和训练的主要场所，也是其接触的自然环境。一个良好的训练和生活环境，能促进青少年的身心健康发展，有利于提高青少年学习与训练的积极性，促进竞技水平的提高。反之，不良的自然环境则会使青少年的身心健康受到不利的影响，如果生活的环境较差，噪声较大，污染严重，这就容易引发各种疾病，从而导致机体系统功能紊乱，而且还会严重影响学习和训练的效率。因此，选择良好的自然环境是非常重要的。

2.社会环境

人是一个社会的人，在平时的生活中，无论人们参加任何活动，都与社会环境发生着极为密切的联系，这主要体现在人与社会意识以及人与社会组织之间发生着各种联系。社会意识与社会组织则是整个人类社会发展的要素。社会意识的范围非常广泛，一个地区的风俗习惯，人们的生活习俗，以及各种政策文件等都属于社会意识的内容；而社会组织则主要包括家庭、工作单位、医疗机构等多方面的内容。在这样的条件下，人们的身心健康才能获得发展。

家庭环境是社会环境的重要内容。一般情况下，家庭环境主要包括家庭结构、经济基础、父母文化水平等几个方面的要素，这些方面都会对学生的发展产生极为重要的影响。一个良好的家庭氛围或环境能为青少年的健康成长提供一个很好的场所，俗话说，父母是子女的启蒙教师，父母在日常生活中的言行举止都会在一定程度上影响子女的发展。通常情况下，在家教比较民主的家庭里，青少年一般都拥有乐观好动、活泼开朗的性格；而家境较差的家庭，青少年通常会显得性格孤僻、不善交流。因此，构建一个安全合理的家庭环境是十分重要的，在这样的环境条件下，学生才能获得健康发展。

家庭环境会对青少年的健康成长产生至关重要的影响，学校因素也会影响青少年的健康成长。学校是学生学习（生活）的合作体。青少年在学校中接受各种各样的教育，其认识水平一天天不断完善，而文化发展程度又会在一定程度上对青少年产生决定性作用。正处于青春发育期的青少年如果掌握了丰富的文化知识与技能就能科学、合理地安排自己的生活和学习，从而有利于自身的长远发展。

总之，社会环境也是影响学生身心健康发展的重要方面，对青少年的发展具有重要的影响，因此学生在参加运动锻炼时，一定要高度重视周围环境的创设与改造，如此才能保障健康持续发展。

第三节　田径速度素质习练

一、速度素质及训练概述

（一）速度素质的概念

速度素质是指人体或某环节快速运动的能力，人体快速完成动作的能力、对外界信号刺激快速应答的能力以及快速位移的能力都属于速度素质的范畴。速度素质可以说是人的一种综合能力，在运动素质中，速度素质扮演着十分重要的角色。在平时的体能训练中，一定要将速度素质训练作为一项十分重要的内容。

（二）速度素质的类型

一般来说，速度素质可以分为反应速度、动作速度和移动速度几个类型。除此之外，还有瞬时速度这一类型，即运动中各单一速度或个体速度之间转化、传递的快慢。它是由位移速度、动作速度、反应速度、器械运行速度、个体之间的配合等因素相互作用产生的综合效果，主要从动作环节间的衔接上得到体现，如田径运动中的跑跳衔接、跨跳结合、助跑与投掷出手的衔接等都属于瞬时速度，这一速度对于学生运动员参加一些专项活动具有非常重要的意义。

二、田径速度素质习练的手段

（一）反应速度习练

1.反应速度训练

反应速度训练主要包括以下两种，通过这两种形式的训练能有效提高运动员的反应速度。

（1）简单反应速度训练：在训练前期，学生可以多做一些简单反应速度的练习。简单反应速度训练方法主要有完整练习、分解练习、变换练习以及运动感觉练习。通过这几种练习手段，学生能很好地提升自己的反应速度。

（2）复杂反应速度训练：复杂反应速度训练的方法主要有移动目标练习和选择动作练习两种。其中，移动目标练习主要分为四个阶段，即感知—判断—选择方案—完成动作。训练时要对移动目标在位置、方向、速度、轨迹等方面的变化加以注意，并反复练习。选择动作练习要结合学生的具体实际进行，否则就难以获得应有的训练效果。

2.反应速度训练手段

（1）变向起跑：背向蹲立，听到信号后迅速转体成蹲踞式起跑，冲跑 20～30 米。在训练的过程中，学生的转体动作要迅速，做出的动作要规范和合理。

（2）动作反应练习：练习前告诉运动员蹲下、起立、手触地、跳起等动作。训练过程中，可任喊其中一个动作，学生根据提示进行练习。

（3）手抓网球：站立，持球手臂前平举，手心向下，然后手指张开开始使球自由下落，不等球落地再用手掌朝下抓住球。连续进行，左、右手交替重复练习。

（4）左右跳＋高抬腿＋小碎步＋冲刺跑：如原地左右跳 8 次，接原地高抬腿跑 12 次，接碎步跑 5 秒，然后加速跑；或听口令转换动作。

（5）俯撑起跑接后蹬跑接冲刺跑：两手撑地，两腿伸直成俯卧姿势。听信号后迅速起跑，然后做快速后蹬跑 20 米，跑到标志线处，紧接着做冲刺跑 30 米。

（二）动作速度习练

动作速度习练可以采取以下几种手段，坚持长期的练习通常能取得不错的效果。

1.完善技术练习

完整的技术由多个环节组成，在多个环节中总会有不足之处存在。为了解决这一现象，要求以各个专项的某些动作环节为依据进行分解练习。

2.利用助力练习

通过减轻负荷，或者在人或自然条件的帮助下有意识地加快动作。

3.利用后效作用练习

通过先负重较大阻力进行练习，激发、动员更多的运动单位参与工作，在神经肌肉系统留下痕迹效应，然后通过后效作用的利用，进行正常负重或较轻负荷练习。在这样的情况下，能有效避免运动损伤，提高训练水平。

（三）移动速度习练

1.变速变向训练手段

（1）三角移动：地上摆三个相距5~10米的标志物，呈三角形，以各种步法在三角线上进行变速、变向的移动。

（2）长短往返跑：摆4个标志物成一直线，相距3~5米，从第一个标志物起跑，依次触碰第二、第三、第四个标志物，并回到起点，往返练习。

（3）摸球台移动：乒乓球运动员常用，可以利用一张球台的两个台角进行，也可以在两张球台间进行。听信号后，用各种步法移动往返触碰球台角。

（4）后退跑＋转身冲跑：背对前进方向，听信号后退约20米，见到标志物转身冲跑20~30米。

2.重复跑和间歇跑

（1）速度性练习：以85%~100%的强度，进行30~150米的反复跑，间歇时间要充分，以速度没有明显下降为宜。

（2）速度耐力性练习：距离主要以200~600米为主，强度通常在75%~90%，间歇时脉搏下降到120次/分以下（20次/10秒），就可以开始下一次练习。

（3）接力练习：利用上述技术进行同伴间的接力比赛。

三、田径速度素质提高的方法

（一）负重短跑

负重短跑是提高速度的重要手段和方法，这一方法在运动训练中得到了广泛的利用。负重短跑常用的形式主要有以下几种。

1.山地跑

顷斜度必须能够满足正确的起跑姿势和短跑动作。在一个8°~10°

的斜坡上，前2.5～3秒应跑过10～30米的距离，然后接下来应全速跑过20～80米的距离。

2.阶梯跑

学生可以借助楼梯进行类似于山地跑的训练，在训练的过程中，运动员一定要注意角度的选择。

3.带雪橇跑

雪橇上边一个备用轮胎加上一个绳索，外加一个捆绑重物的带子即可制成一个简易雪橇。还可以采用不同材质的形式来提高重量。在训练的过程中，教师要指导学生保持正确的身体姿势，运动强度要依据具体实际适当增加。

（二）跳跃训练

跳跃训练也能有效地提升青少年运动的速度与加速度，常用的跳跃训练方法主要有以下几种。

1.垂直跳跃

从慢跑开始，尽最大可能高地向上跳起，膝盖要上抬，一条腿落地后继续从地面跳起。反复进行练习。

2.向外跳跃

向外跳跃的方法和垂直跳跃有着相似之处，只是脚要横向地落到正常落地位置的外侧，身体要向外摆，向上，向前。

3.向内跳跃

这一训练方法与向外跳跃非常相似，只是脚要横向地落到正常落地位置的内侧，身体要向内摆，向上，向前。

4.踢臀练习

首先，运动员慢跑，在位置较低的腿要往回抬并离开臀部。位置高的腿不要移动太多，但脚后跟要碰到臀部。踢臀练习的强度相对较高，能有效地提高人体的速度与加速度素质，因此在运动训练中较为常用。

5.下压腿练习

下压腿练习也能有效促进青少年运动员速度与加速度的提高，这一训练方法像跨栏一样，腿在身前伸展，运动员运用爆发力下压腿和地面接触。每腿做10次为一组，如此反复练习。

四、田径速度素质习练要点

学生在参加速度素质训练时，需要注意以下几个方面的要求，如此才能保证训练的效果和质量。

（一）合理安排训练时间与顺序

在田径速度素质训练中，一定要合理地安排训练的时间。一般来说，速度素质训练应安排在青少年良好的精神状态之下进行，如在训练课的前半部安排速度素质训练，这样能取得不错的训练效果。另外，除了要重视训练时间的安排之外，还要注意训练顺序的合理安排。一般情况下，速度训练应安排在力量训练之前，在具体的训练过程中，教师可以指导学生进行一些快跑或跳跃动作的练习，在进行速度素质的训练后再安排一些力量性训练，如此有利于取得良好的训练效果。

（二）重视绝对速度的训练与提高

在田径运动中，某些项目要求运动员必须具备出色的绝对速度，如短跑项目就是如此。短跑运动员博尔特就有着非常出色的绝对速度素质，这是其取得世界冠军的重要因素。一般情况下，绝对速度上占有优势，运动员就会在比赛中占有相对有利的地位。因此说，在平时的训练中，一定要重视绝对素质的培养和训练。

（三）突出以爆发力为主的快速力量

爆发力是一种极端的快速力量形式，在田径短跑运动中，这一素质至关重要。从运动生物力学的观点看，力量与速度都会对爆发力产生重要的影响。因此，这就要求运动量要尽量在有限的时间里展示力量的能力，要在平时的运动训练中加强爆发力训练。

（四）速度训练应与专项运动相结合

在速度素质训练中，教师还要指导学生将速度素质与运动专项结合起来进行。具体而言，就是指把所需的快速动作能力与具体项目的特有表现形式结合起来，根据项目特点和技术动作的要求加强感受器官与运动器官一致性的训练，如田径短跑的反应速度练习，应着重提高运动员听觉的反应能力。这样有利于取得理想的训练效果，能有效促进学生速度素质的提高。

（五）培养正确的技术动作与协调性

技术可以说是运动员各项素质的核心内容，运动成绩的取得在很大程度上依赖于运动员的技术水平。因此要结合体能训练，培养学生正确的技术动作，保证技术动作的协调性和稳定性。如果没有符合生物力学要求和适应个人特点的技术动作，运动员完美的表现就不会出现。技术动作的合理性、实效性与人的协调性、灵敏性之间有着非常密切的相关性。协调能力是人体不同系统、不同部位、不同器官协同配合完成技术动作和战术活动的能力。协调能力的好坏会对技术、战术的形成和发展产生直接影响。协调性是灵敏素质的基础。灵敏素质的高低通常取决于平衡能力、速度、力量和协调能力。在青少年阶段，在日常运动训练中，要重视身体协调性、灵敏性的发展，这一点需要引起高度重视。

（六）注意个人情况和训练安全

1.个人情况与训练相结合

速度素质训练的安排一定要科学和合理，除了遵循一定的训练原则之外，还要结合青少年的身体特点及运动基础来进行。值得特别注意的是，在速度素质训练之间要保证运动员身体疲劳的完全恢复，训练的过程中要重视动作的准确性与规范性，要循序渐进地进行速度素质的训练，切实提高训练水平。

2.保证运动训练环境的安全

为保证速度素质训练的效果，运动员还需要注意运动训练环境的安全。如果在训练过程中，运动员不注意力量以及动作幅度、动作频率等的限度，就容易导致运动损伤。一般来说，发生运动损伤的危险性还是比较高的。因此，青少年在参加速度素质训练时要尤为注意训练环境的安全性。

3.做好充分的准备活动

青少年运动员在进行速度素质训练前要进行充分的准备活动，这样才能有效避免运动损伤。如果准备活动不充分，会引起人体肌肉放松能力下降，容易导致运动损伤。因此，青少年运动员在进行速度素质训练前一定要做好专门的准备活动。

4.结合训练时间和天气情况进行训练

在进行速度素质训练时，如果在早上安排训练，要尽可能地不要安排大强度的练习。青少年在参加运动训练的过程中，如果肌肉出现酸痛或其他不适感，就需要停止训练做必要的检查。

青少年运动员在气温较低的天气环境下参加运动训练时，除了注意做好充分的准备活动外，还要注意选择合适的服装，尽量穿透气、宽大的运动服。

5.采用按摩、放松等训练手段

放松练习和按摩是促进运动员体能恢复的重要手段，在按摩时可以擦一些有利于促进血液循环的药品。除此之外，训练的过程中还要注意环境的安全。

第四节　田径力量素质习练

一、力量素质概述

（一）力量素质的概念

力量素质，是指人体—肌肉系统工作时克服或对抗内、外阻力的能力。内部阻力主要包括肌肉的黏滞力、关节的加固力和各肌肉间的对抗力等，外部阻力是指物体的重量、支撑反作用力、摩擦力、空气或水的阻力等。人体力量素质的发展主要得益于外部阻力产生的作用，人体在克服这些阻力中不断提高、发展自身的力量素质。对所有运动项目来说，力量都是最基本的身体素质，一定要重视力量素质的训练。

（二）力量素质的分类

1.最大力量

最大力量指的是机体能够克服的最大阻力的能力。实际上，最大力量与体重是没有关系的，其与肌肉体积有关，两者是正相关的关系。

2.速度力量

速度力量就是指肌肉在运动时快速克服阻力的能力。这一素质在很多运动项目中都扮演着十分重要的角色。速度力量的形式有很多种，其中，较为典型的有爆发力、起动力和弹跳力这几种。

3.力量耐力

力量耐力是指运动时肌肉长时间克服阻力的能力，通常情况下，阻力与运动时间是呈负相关关系的。加强力量耐力训练对于运动员耐力素质的提升具有重要的意义。

二、田径力量素质习练的方法

（一）核心力量训练

1.接、掷保健球仰卧起坐训练

屈膝，双脚平放于地面，从坐位开始练习。一搭档面向你，双手持保健球，站于离你1.2～2米的位置。搭档把保健球掷于你胸前。接球，慢慢下降躯干至地板，然后返回到起始位置。当恢复到起止位置时，胸前双手把保健球传给搭档。

2.快速触脚训练

平躺于地板上，要求双臂和双腿始终伸直。始终保持双臂和双腿伸直，快速用双手触摸脚尖。切记：在两个动作之间，不能完全把后背恢复到平躺位置。

3.充分仰卧起坐训练

屈膝，以标准仰卧起坐的姿势躺于地面，只使下后背触到地板，双手放于脑后。收缩腹部肌肉群，使躯干提升，形成与地面垂直的姿势。慢慢恢复到开始位置，整个训练过程中保持双臂不动且始终放松。

4.负重身体收缩训练

屈膝，以标准仰卧起坐的姿势躺于地面，只使下后背触到地板，双手持一杠铃片或保健球置于胸前。收缩腹部肌肉群，使双肩及上后背提升，与地面成30°～45°角。慢慢恢复到起始位置，整个训练过程中始终将杠铃片或保健球置于胸前。

（二）专项力量训练

专项力量是指以高强度专项运动的形式完成动作时，肌肉克服阻力的能力。

（1）在训练时，能够积极调动起参与专项运动的肌肉，并使其得到有效训练。

（2）对力量练习的技术因素加以重视，使肌肉的工作方式和冲动频率与专项技术一致。

（3）对肌肉间的协同用力要加以重视，尽可能使肌肉或肌群之间的配合与专项技术特点一致，通过整合机体各环节的肌力，形成正确的"用力顺序"。

（4）投掷项目训练：用略轻或略重的器械进行练习，重量以不产生动作变形为宜（约小于20%的标准重量）。相对来讲，采用轻器械的效果更好，因为投掷项目的成绩主要取决于出手速度。器械过重，反而会适得其反。

（5）跳跃项目训练：膝或大腿负沙袋的助跑起跳膝关节触高练习，不宜过重，要有助跑速度。单腿跳箱或跳栏架的训练效果也不错。

三、田径力量素质习练要点

（一）要采用最大负荷

田径力量素质的训练，主要目的是能够充分发挥出运动员的最大机能潜力，要达到这一目的，就要求采用的负荷量与强度及在完成每一组和每一次所承受的力量负荷，最终使得参加运动的肌肉能够在收缩过程中达到精疲力竭的程度。

（二）习练要持续重复进行

运动员在承受大负荷的力量训练中，对其采取的训练形式有非常高的要求，即为次数多、组数多且反复、负荷大，由此来保证加大对肌肉的刺激深度。从根本上来说，发展力量素质的目的在于让运动员承受大负荷，同时，也要不断累积数量，由增加次数或组数的不适应逐渐发展到适应，再增加重量由不适应到适应，最终达到使运动员的力量素质得以发展和提升的目的。

第五节　田径耐力素质习练

一、耐力素质概述

耐力素质指的是人体在长时间工作或运动中克服运动疲劳的能力。这一耐力素质在一定程度上反映了人体健康水平或体质强弱，因此无论是作为普通人还是专业的运动员，都要重视自身的耐力素质训练。需要注意的是，人体各项体能素质并不是独立存在的，与其他体能素质之间存在着极为密切的联系。以耐力素质为例，耐力素质可以与力量、速度素质等相结合，形成力量耐力和速度耐力。这些素质都是运动员应具备的重要的体能素质。

二、田径耐力素质习练的方法

（一）有氧耐力训练

1.负荷强度

通常负荷强度低于最大强度的70%，一般运动员的心率可控制在140～160次/分钟，高水平的运动员则可相对提高些。具体可以根据心率公式加以计算：

训练强度=安静时心率＋（最大心率－安静时心率）×70%

2.无氧阈

无氧阈，其大小会用血乳酸含量达到0.04摩尔/升时所对应的强度来表示。

3.持续时间

练习持续时间要以专项特点、运动员自身的情况和训练的不同阶段为依据来确定，如可以通过持续60～90秒来提高高强度的速度耐力；通过多次重复3～10分钟或持续20～120分钟来提高有氧耐力。有氧练习通常以高于30分钟为佳。

4.重复次数

重复训练法的使用，需要注意所用到的重复次数，要将其确定下来，首先要弄清楚维持高水平氧消耗的生理能力这一重要依据和前提条件，通常 3 ~ 5 次/2 ~ 3 组。

5.间歇时间

如果运动员机体还没有完全恢复，那么这时候，下一次的练习就可以开始了，一般以不超过 4 分钟为宜。通常当心率恢复到 120 ~ 130 次/分时，下一次练习就可以开始了。

（二）无氧耐力训练

1.乳酸供能无氧耐力的训练

（1）主要采用间歇训练法和重复训练法。强度：最大强度的 80% ~ 90%，心率可达 80 ~ 190 次/分钟。负荷持续时间：长于 35 秒，一般在 1 ~ 2 分钟。距离：300 ~ 600 米跑或 50 ~ 200 米游泳。

（2）练习次数、组数和间歇时间：参照训练水平、跑速、段落长度和组间间歇时间等这些因素来加以确定。一般来说，段落短则间歇时间也短，如 200 ~ 400 米段落跑，共练习 3 ~ 4 组，每组重复跑 3 ~ 4 次。

（3）练习顺序：从长段落开始到短段落，如 400 米 × 2＋300 米 × 2＋150 米 × 2 等，这样能够使有机体迅速动员无氧糖酵解的能力得到有效提高。

2.非乳酸供能无氧耐力的训练

（1）强度：90% ~ 95%。练习持续时间：5 ~ 30 秒。

（2）重复次数与组数：以不降低训练强度为原则，重复次数不宜多。要以运动员水平与具体情况为依据来确定次数、组数，一般的，水平高则组多些，如练习 4 ~ 5 次/5 ~ 6 组。

（3）间歇时间：短距离如 30 ~ 70 米跑的间歇时间为 50 ~ 60 秒，较长距离如 100 ~ 150 米跑的间歇时间为 2 ~ 3 分钟。间歇时间要确保 ATP—CP 能量物质的恢复。要适当控制总量在 700 ~ 1000 米范围，否则训练非乳酸供能的效果会不理想。

三、田径耐力素质习练要点

（一）注意呼吸的节奏与动作相一致

学生在进行中等负荷耐力练习时，会出现每分钟耗氧量与氧供给量之间的不平衡，如果不及时进行处理，久而久之就会出现不平衡现象。因此，散打运动员的耐力训练一定要注意呼吸的节奏与节奏的合理把握。在具体的耐力素质训练中，学生可以适当加强以呼吸深度为主的供氧能力训练，保证呼吸与动作相协调，如此才能取得理想的训练效果。

（二）及时补充丢失的能量

由于运动员耐力训练的时间都比较长，因此会消耗机体大量的能量，在这样的情况下，必须及时合理地补充能量，如此机体才能更快地恢复及获得超量能源的储备。在充足的能量储备下，下一次的训练才能安全和有效。尤其是对于一些耐力性项目的运动员而言，合理及时地补充能量极为重要，这直接影响到耐力训练的效果。

（三）加强训练中的医务监督

长时间的耐力素质训练通常会消耗运动机体大量的体能，在这样的情况下，身体各系统机能就会受到一定的影响。如果在身体条件欠佳和能量不足的情况下继续参加训练，人体各系统功能就容易受到损害。因此，为避免这种情况，就需要加强医务监督工作，这是一项非常重要的工作。

运动员耐力训练的医务监督，主要包括机能评定与运动员负荷安排的承受情况。运动员的机能评定项目应包括血压、心率和自我感觉等；运动员负荷安排的承受情况则主要通过运动员的技术动作变异程度、面部表情变化等来确定。通过医务监督工作，能有效地避免运动损伤，保证耐力素质训练的顺利进行。

（四）注意遵循体能训练的基本原则

学生在进行田径耐力训练时需要遵循以下基本原则。

在合适的时机培养和提高专门性耐力训练水平。

（1）周期性原则。运动员的耐力素质训练呈现出鲜明的周期性特征，因此一定要遵循运动训练的周期性原则。

（2）一致性和协调性原则。运动员的专项耐力训练要与一般耐力训练相结合，二者要获得协调一致的发展。

（3）针对性和持续性原则。运动员的耐力素质训练要有针对性，同时还要保持持续性，这样才能取得理想的训练效果。

（4）控制性原则。运动员耐力素质的培养与训练，需要高效率的控制，只有如此才能取得理想的训练效果。

（五）建立一个科学的饮食结构

学生在进行耐力素质训练时，除了注意运动安全外，还要摄入充足的营养，只有如此才能保证训练中对能量的需求。因此，在平时的生活与训练中，学生要建立一个正确的饮食结构，饮食结构要合理，要满足机体对能量的需求。

（六）有意识地培养意志品质

耐力素质训练非常枯燥，如果没有良好的意志品质，是很难完成整个训练活动的。因此，加强学生意志品质的培养与训练是十分重要的。需要注意的是，在培养学生意志品质的过程中，要注意运动负荷的合理安排，不能盲目地加大运动负荷，否则容易导致运动损伤，妨碍耐力素质训练的顺利进行。

第六节　田径柔韧素质习练

一、柔韧素质概述

（一）柔韧素质的概念

柔韧素质是运动员身体训练的重要组成部分，柔韧素质的优劣通常是通过关节运动幅度的大小来衡量的。所谓的柔韧素质，是指人体各个关节活动范围及肌肉、韧带的伸展能力，可以将其理解为一个或多个关节的活动范围。

通过进一步分析，可以从两个方面来更加深入地了解和认识柔韧素质：一个是关节活动幅度的大小，一个是跨过关节的肌肉、肌腱、韧带等软组织的伸展性。其中，关节的活动幅度主要取决于关节本身的装置结构。跨过关节的肌肉、肌腱、韧带等软组织的伸展性，则主要通过合理的训练获得。

（二）柔韧素质的作用

柔韧素质的作用也是非常重要的，在很多方面都有所体现，对青少年运动员体能水平的提升也有帮助。

（1）良好的柔韧素质能够使运动时关节的活动幅度有所增加。

（2）良好的柔韧素质能够使完成动作时的精确性和稳定性有所提升。

（3）良好的柔韧素质对于运动效率的提升是有帮助的。

（4）良好的柔韧素质对于运动损伤，特别是肌肉拉伤的发生概率的降低是有帮助的。

（5）良好的柔韧素质对于肌肉质量以及肌肉良好功能（弹性、爆发力等）的提升是有帮助的，除此之外，还能有效预防肌肉僵硬即肌肉损伤。

二、田径柔韧素质习练手段

（一）主动性拉伸训练

主动性拉伸训练，是指练习者依靠自己的力量，通过各关节及其相关肌肉的主动收缩，来改善关节灵活性和肌肉伸展性的方法。在柔韧素质训练中，主动性拉伸训练又可以分为以下两种形式。

1.主动性动力拉伸

主动性动力拉伸训练是指练习者依靠自己的力量，使肌肉、肌腱、韧带等软组织急骤地拉长，来提高柔韧的伸展能力。此种练习可以分为三种：单一和多次的拉伸训练，摆动和固定的拉伸训练，负重和不负重的拉伸训练。

2.主动性静力拉伸

主动性静力拉伸训练是指练习者在动作最大幅度时，依靠自身的肌肉力量和采用不同的伸展姿势保持静止姿势慢慢地拉长的训练。这种训练方法能在很大程度上拉长肌肉而不会引起伸展肌肉的反射性收缩，安全性较高。

采用主动性静力拉伸训练法时，当肌肉软组织拉伸到某一程度时，保持静止状态的时间一般为8~10秒，重复次数为8~10次。

主动性静力拉伸训练法对发展肌肉、韧带等的伸展性有较好的作用，是作为发展柔韧性的主要方法。主动性静力拉伸的训练强度较小，且动作幅度较大，有助于节省体能，无须专门训练场地和训练器械，简单易行。

（二）被动性拉伸训练

被动性拉伸训练，是指练习者借助外力或同伴的作用，帮助进行伸展的训练。被动性拉伸训练可分为以下两种形式。

1.被动性动力拉伸

被动性动力拉伸训练是指在训练时借助同伴或使用绳、棍棒、毛巾、橡胶带等的帮助进行伸展的训练，例如借助同伴的帮助来增大压肩、举腿的动作幅度等。在被动性拉伸训练的过程中，练习者应重点注意与同伴的不断交流，以确保在训练中肌肉、韧带拉伸的安全性，预防拉伤。

2.被动性静力拉伸

被动性静力拉伸训练是指练习者借助外力来保持固定或静止某一拉伸姿势的练习，例如借助同伴的帮助来保持体前屈的最大幅度。

采用被动性静力拉伸训练方法发展柔韧素质时，需要注意以下几点：第一，应逐渐加大动作的幅度，使动作到位；第二，受力应由轻到重，使肌肉、韧带缓慢地被拉长；第三，应循序渐进，两种训练方法兼顾使用，避免受伤。

三、田径柔韧素质习练要点

（一）柔韧素质与其他素质共同发展

在田径体能柔韧素质训练中，柔韧素质的培养与训练还要与其他素质共同发展，因为柔韧素质与其他素质之间都有着极为密切的联系。换言之，每一种身体素质的发展都会影响到体能的整体水平，而各个身体素质之间，也有着密切的联系，要想获得理想的柔韧素质训练效果，就必须与其他素质结合起来共同发展。

（二）严格把控柔韧素质训练的时间

通常情况下，在任何时间都可以参加田径柔韧素质的训练，只是时间不同可能训练的效果有一定的差异。通常来说，早晨进行柔韧素质训练的效果会有明显降低，所以早晨可做一些强度不大的"拉韧带"的练习。一日之中在 10～18 时人的体能表现出的柔韧素质比较好，此时可进行一些强度较大的柔韧性练习。需要注意的是，训练的时间不宜过长，要结合自身的实际情况适当安排。

（三）柔韧素质训练要保持持久性

要想取得理想的田径柔韧素质训练的效果，短时间内是难以实现的。必须长期坚持训练才能实现既定的目标。如果在经过一段时间的训练后就停止，那么，训练的效果就会逐渐减弱。因此，青少年运动员在进行柔韧素质训练时应遵循循序渐进的原则。在进行肌肉拉伸训练时，往往会有疼痛的现象出现，此时进行拉伸练习时就需要引起重视，不能急于求成，要循序渐进地进行，否则可能会导致拉伤，不利于训练的顺利进行。

第七节　田径灵敏素质习练

一、灵敏素质概述

灵敏素质是指人体所表现出的协调、快速、准确等方面的能力。它也是人体体能素质的重要组成部分，是在力量、速度、耐力、柔韧等素质基础上建立和发展起来的。这一素质对于一些技巧性的运动项目而言有着非常重要的作用。

在田径运动中，灵敏素质也有着一定的作用，灵敏素质得以发展了，其他素质也会相应地发展和提高。一般情况下，影响人体灵敏素质发展的因素有很多，要具体问题具体分析。其中，性别、体型、疲劳程度、运动经验、其他素质水平等都会对人体灵敏素质的发展产生一定的影响。

在田径体能训练中，也不要忽略了灵敏素质的训练。

二、田径灵敏素质习练方法

（一）双腿侧向单足跳

在 1 米宽的标志区内，学生做以下训练。

（1）运动员站在标志区左侧做好准备，等待教练员的开始口令。

（2）双腿蹬伸跳向标志区的另一侧，要确保跳过标志区。

（3）着地后快速跳回原来位置。

（4）连续快速练习 5～10 次。

（二）六边形跳跃

（1）在场地内标出六边形，边长可以根据实际合理地确定。

（2）运动员站在六边形的中心，面对指定方向。

（3）面对指定方向时，双脚跳出六边形的每边。先后进行顺时针和逆时针跳跃，教练员在一旁做好计时工作。

（三）20 米往返跑

（1）运动员两腿成开立姿势，做好充分的准备，听口令跨过起始线。

（2）运动员向右转身，快跑并用右手触摸 5 米远的一条线。

（3）运动员转回左边，跑过 10 米距离，并用左手触摸远处线。

（4）运动员转回右边，跑过 5 米距离，穿过起始线完成练习。

（四）8 字形跑

（1）在平整的场地上放置两个间距为 5～10 米的扁平锥筒。

（2）运动员做好准备，两腿成开立姿势。

（3）运动员听口令在两锥筒间做 8 字形跑，转弯时用手心碰触每一个锥筒。

（五）蛇形跳

（1）运动员做好准备，两腿成开立姿势。

（2）进行一系列的直角转弯跳，并保持两脚一起。

（3）跳跃前进方向为正前方、右方、正前方、左方、正前方等。

（4）跳起时必须转髋。

三、田径灵敏素质习练要点

（一）做好训练前的准备工作

在田径体能训练中，灵敏素质的训练也是一项非常重要的内容。在进行训练之前，为保证训练的顺利进行和避免运动损伤，要充分做好准备活动。充分的准备活动可以使身体得到充分的舒展，使关节得到一定的锻炼，从而为训练的进行提供良好的保障。

一般情况下，运动前的准备活动主要包括一般性准备活动和专项准备活动两大类。一般性准备活动主要是指一些全身性的身体练习，通过各种练习方式，人体代谢水平获得不断提高，同时还能有效地预防运动损伤。后者是指与所从事的体育运动相关的活动练习，一些专业的比赛要进行专门性的准备活动，这是保证比赛顺利进行的重要因素。除此之外，也可以将一般性准备活动和专项准备活动结合起来利用，这样也能取得理想的效果。

（二）注意训练过程的循序渐进

田径灵敏素质的训练要严格遵循循序渐进的基本原则。只有循序渐进地参加运动训练，运动员才能有效地掌握和提高运动技能。在灵敏素质的体能训练中，青少年运动员也理应遵循这一基本原则。

一般来说，人体动作的灵敏性主要取决于脚步的移动动作，脚步移动动作较快就意味着灵敏性较好，反之则不好。青少年运动员在进行灵敏素质训练时，如果训练方法不当或者没有遵循循序渐进的基本原则而急于求成，就容易损伤膝、踝关节等，不利于体能训练的顺利进行。因此，一定要注意在灵敏素质训练中坚持循序渐进的基本原则。

第六章　高校田径走跑类项目教学

　　走和跑是田径运动中最基本的运动形式，也是体育锻炼的基本内容和方式。在高校田径课程教学中，走跑类项目是非常重要的教学内容，通过科学组织与实施走跑类项目教学，使大学生掌握走跑类项目的动作和技能，有助于增强大学生体质，并为大学生学习其他运动项目奠定基础。本章主要就走跑类项目的教学展开研究，分别对竞走、短跑和中长跑三个项目的基本知识、技术动作、教学手段以及学习方式展开分析与研究，从而为高校走跑项目教学提供科学的指导。

第一节　走跑类项目概述

一、竞走运动概述

　　竞走是人连续行走的一个田径运动项目，从肉眼观察，在整个行走过程中两脚没有明显腾空。行走过程中，前脚全脚掌着地时，前腿要充分伸直。竞走的比赛成绩以裁判员的技术判罚为准，这是竞走运动的一个重要特征。

　　竞走产生于英国的竞走运动。从19世纪开始在西欧一些国家逐渐流行起来，其传入我国是在19世纪末，可见我国竞走运动的发展历史十分悠久。在竞走运动中，身体重心上下起伏变化是一个非常显著的特点，而起伏的幅度与运动员的专业水平有关，一般来说，高水平运动员在竞走比赛中身体重心在2.8~3.8米上下起伏，重心起伏呈轻微的波浪形，基本平直。竞走运动中，小腿前摆、髋与踝关节屈伸以及支撑腿蹬伸等构成的动力条件支撑着人体向前迈步。

看起来较为简单的竞走技术其实并不像想象中的那么简单，竞走技能的形成需要经历一个复杂的过程，而且要不断练习才能对竞走技术有准确、规范及熟练的掌握。在学习与掌握竞走技术的过程中，不是将单一的动作简单掌握就可以了，而是要在不同负荷条件下对竞走技术加以掌握，并不断加以巩固、改进，不断提高技术水平，提升动作质量，只有不断完善与提高技术，才能在比赛中有更好的发挥。因此，在竞走教学与训练中，不仅要学习竞走技术，进行技术练习，还要锻炼其他方面的能力，加强能力训练，并将二者有机结合起来。

二、跑类项目概述

跑类运动内容丰富，包括短跑、中长跑、跨栏跑、障碍跑、接力跑、马拉松等多个项目，下面简要阐述短跑和中长跑两个项目。

（一）短跑概述

纵观国内外的体育发展历史，最古老的项目就是短跑，在田径运动中，短跑是一个基础项目。从公元前776年举行的古希腊奥运会开始到后来第13届古代奥运会中，短跑都是唯一的比赛项目。从1896年第1届现代奥运会到现在，现代短跑运动已有百余年的发展历史。在漫长的历史长河中，短跑技术越来越完善，奥运会中短跑比赛的成绩也不断创造出新的纪录，这都表明短跑发展有了质的飞跃。

短跑是体能类项目，主要侧重于力量和速度，具有周期性，强度大，供能方式主要是无氧供能。短跑运动员的肌肉力量、速度决定了其运动成绩，肌肉力量强大，肌肉速度快，则能进入极限强度的肌肉工作状态，从而取得良好的成绩。因此对短跑运动员来说，要提高成绩，就要加强专项力量与专项速度的训练。现代田径运动的发展水平很高，短跑技术有了极大的改进，而且运动场地、器材也不断融入现代科技元素。

短跑技术具有鲜明的特点，主要从摆动技术、后蹬技术以及放松技术中体现出来，下面进行简要分析。

从摆动技术来看，摆动在短跑技术中是非常重要的一个动作环节，摆动效果直接影响短跑技术的发挥作用，因此在快速跑的过程中，身体各部位的协同配合与协调活动很关键，而且肌肉也要在适宜的时机及时进入收紧或放松状态。现代短跑运动对速度的要求越来越快，运动员以髋关节为轴快速摆动的能力直接影响其跑的快慢，要提升这个能力，就要充分利用与发挥摆动力量。

短跑是周期性运动项目，在整个运动过程中，蹬与摆密切结合，支撑姿势与腾空姿势交替出现。短跑运动中跑距最长的阶段是途中跑，这个阶段也是需要运动员以最大速度完成的阶段，在整个途中跑过程中都要保持最大速度，并将最大速度发挥到极致。短跑成绩直接受途中跑技术的影响，尤其是途中跑的摆动技术。因此，要不断提高摆动技术，高质量完成折叠前摆和下压着地这两个关键动作，为提高完成效率和质量，对步频和步幅产生积极影响，要求在途中跑的摆动过程中大腿积极前摆、屈髋。

从后蹬技术来看，在跑动过程中，下肢后蹬则产生与人体重量相抗衡的作用力，这个作用力是人体向前运动的重要推动力。在后蹬环节，要加大下肢后蹬而产生的作用力与推动力，就要增加伸髋力量，而这又需要髋、膝、踝关节积极参与运动。评价后蹬跑技术的优劣时，要参考髋关节的伸展力量、速度和幅度等指标，这也是短跑运动的重要技术特征。

从放松技术来看，优秀的短跑运动员技术能力强，在跑步过程中注意力高度集中，神经系统、肌肉系统协同工作，和谐搭配，机体潜能得到最大程度的发挥，从而将技术动作高质量地呈现出来，运动成绩优异。优秀短跑运动员还很好地掌握了放松技术，这也是短跑技术的一个重要组成部分。运动员在快速跑动时能否将自身的体能更高效地发挥出来，与其是否掌握了良好的放松技术有关。在具备良好放松技术能力的情况下，运动员神经系统和肌肉系统协同配合工作，肌肉适度舒张或收缩，生理机能在运动负荷下做出及时的、恰当的反应，机体各部位协调参与运动，以达到专项技术要求。现代高水平短跑运动员在竞技赛场上取得优异的成绩与其具备良好的协调放松能力息息相关。

（二）中长跑概述

现代中长跑运动是从英国兴起的，这项运动传入我国是在 1840 年以后。在技术与训练的视角来看，中长跑运动的发展历史也是从自然发展向技术发展、从大运动量训练向多学科综合训练逐渐演进的过程。现代中长跑运动的技术要求主要表现为：跑动中动作轻松自然；蹬伸有力，脚有弹性地着地，全程都有较明显的节奏感；人体综合机能和专项运动素质能最大限度地转换为专项技术能力，并不断维持和提高该能力。

现代中长跑技术打破传统模式而达到了很高的发展水平，呈现出新的特征，下面做简要分析。

首先是经济性。原则上来说，中长跑项目的技术与短跑项目的技术基本上没有什么不同。中长跑运动员使用自身综合能量的经济性从根本上决定了其技术水平，只有贯彻经济性原则而使用与发挥能量，才能避免过早出现疲劳症状，才能分配好体力，尤其是控制好速度而顺利跑完全程，取得优异的成绩。中长跑全程不同赛段有不同的速度要求，运动员要在不同赛段根据专项要求而对自己的步频与步长进行调整，控制好各个赛段的速度，这样才能展现出良好的技术能力，这也是评价中长跑技术优劣的重要标准。高水平专业运动员在中长跑中，身体各个部位以自然放松的状态完成相应动作，不同肌肉群在相应的时机收缩或放松，各肌群配合默契，而且不同身体部位、不同运动环节之间的配合也达到高度协调的程度，这样既避免了大量能量的消耗，又取得了良好的效果，满足了经济性的要求。

其次是实效性与合理性。在中长跑中，身体正直或稍向前，头和上身呈一条直线。向前后方向自然摆动双臂。肘关节抬到适当的高度，不能太高，大小臂垂直，手臂摆动与下肢跑动是协调配合的。中长跑的速度由步长与步频所决定。中长跑运动中人体向前运动的实效性取决于技术运用与发挥的合理性。在跑动中，在能量与体力不变的条件下，技术不同，跑速和运动效果也有差异。因此，要特别重视对起跑、加速跑、途中跑、弯道跑以及冲刺跑等各阶段技术的合理运用。

第二节　竞走项目教学

一、竞走技术分析

（一）身体姿势

竞走迈步时，身体始终保持正直、放松，骨盆不能前倾或靠后，后背保持平直。身体纵轴垂直于地面，头部处于自然位置，目视前下方路面。

（二）髋部动作

髋部动作就像一个发动机，使膝关节和脚加速向前运动。在之后的摆动动作阶段，膝关节赶上向前运动的髋的位置。如此反复，直到完成竞走。当接触地面时，脚后跟稍微超过膝关节。

（三）膝关节动作

膝关节在脚跟接触地面的瞬间至支撑腿达到垂直部位时必须伸直。在恢复摆动时屈膝，因缩短了转动半径而加快了摆动速度。后腿的弯曲直接影响摆动速度和效果。应根据膝关节结构、柔韧性和运动员的力量来决定最佳屈膝时机。

（四）摆臂动作

屈肘角度为45°～90°，角度相对固定，整个摆臂过程中，肌肉放松。手臂移动路线应从臀后腰带水平位置沿弧线移向胸骨位置，整个手臂的摆动低且放松。手放松，摆臂时手腕伸直，同时呈半握拳状或握拳状。当手摆过臀部时，指尖向内。

（五）脚的动作

脚跟先着地，脚尖跷起，脚触地后，人体开始向前运动，在腿完全支撑体重之前，脚尖一直不着地，脚尖离地的时间与胫外侧肌的力量直接相关。在蹬离地面之前，有一个以腓肠肌引起脚转向垂直的推动力。摆动腿的脚向前靠近，但不是擦地而过。

二、竞走技术教学手段

（一）建立技术概念

（1）对竞走技术的基本特征进行生动形象地讲解。

（2）教师正确示范竞走技术，包括分解示范和完整示范，也可以播放竞走录像或出示图片供学生观察、模仿与学习。

（3）介绍竞走规则。

（二）转髋教学

（1）指导学生绕垂直轴转髋大步走。

（2）指导学生绕前后轴转髋。

（三）腿部动作教学

（1）指导学生慢速直腿走。

（2）指导学生快速直腿走。

（3）指导学生慢速和快速交替直腿走。

（四）摆臂动作教学

（1）指导学生进行原地摆臂练习。

（2）指导学生做两臂和肩部相互配合的竞走练习。

（五）完整技术教学

（1）指导学生以各种速度完成完整的竞走技术。

（2）指导学生在不同地形完成完整的竞走技术。

三、竞走技术学习指导

（一）学习重点与难点

1.学习重点

（1）对双支撑阶段的技术动作熟练掌握。

（2）对支撑腿伸直的技术予以掌握。

（3）掌握平稳向前移动重心的方法。

2.学习难点

（1）协调放松地完成技术动作。

（2）根据自身实际情况选择适宜的竞走距离，以适宜的速度完成竞走。

（二）学习方法

1.对正确、完整技术的体会

（1）学习目的：对完整的竞走技术动作予以体会，掌握完整技术。

（2）学习方法：在教师的指导下进行竞走练习，距离大约100米。教师进行示范，学生观察并模仿完成练习。

（3）学习要求：学生练习过程中集中精神体会正确的动作，练习时大脑也要思考，而且身体各部位要协调运动，保持适宜的速度，放松、自然地完成动作。

2.专门练习

（1）持续走：

①练习目的：对完整的竞走技术予以体会与掌握。

②练习方法：在1500米左右的直道上持续竞走，不能间断。

③练习要求：

第一，迈大步，身体放松，动作协调。

第二，整个过程完整、连贯、自然。

第三，运动负荷以心率约160次/分钟为宜。

（2）摆腿走：

①练习目的：掌握竞走摆腿技术。

②练习方法：进行反复摆腿走练习，距离为80米左右，练习时小腿在大腿的带动下摆动，膝关节领先在前。

③练习要求：动作自然放松，完成后蹬动作后摆腿时脚尖与地面靠近。

（3）直腿着地走：

①练习目的：对支撑腿伸直并支撑重心的技巧予以体会并掌握。

②练习方法：

第一，进行100米距离的竞走，体会支撑腿着地支撑重心的感觉。

第二，以不同的速度完成竞走练习，体会脚跟先着地，并逐渐向全脚掌着地过渡的过程。

③练习要求：灵活调整速度，将不同速度的练习组合起来，支撑脚着地时要及时将支撑腿充分伸直。

（4）前交叉步：

①练习目的：掌握转髋动作。

②练习方法：在100米的直道上竞走，体会髋沿垂直轴转动大步走。

③练习要求：髋积极扭动，身体重心随着髋部的扭动而稳定前移。

（5）手臂伸展前后摆臂走：

①练习目的：掌握摆臂动作。

②练习方法：竞走距离大约100米，走动过程中手臂充分伸展，前后摆动。

③练习要求：

第一，增加摆动幅度，轻松摆臂。

第二，直臂摆动和屈臂摆动交替练习。

（6）重复走：

①练习目的：掌握正确的竞走技术。

②练习方法：间歇竞走1000米左右，以大强度为主。

③练习要求：速度均匀，不要突然加快或减慢速度，一段距离后休息片刻。

（7）间歇走：

①练习目的：掌握正确的竞走技术。

②练习方法：间歇竞走，距离为400米左右，以大强度为主，重复练习数次。

③练习要求：间歇时间以2分钟左右为宜，可以在原地休息，也可以采取慢走的休息方式来放松身体。

（8）放松大步走：

①练习目的：掌握转髋动作。

②练习方法：

第一，沿前后轴转髋竞走，步幅大，重心顺势移动，支撑腿要充分伸展，距离80米左右，重复练习。

第二，摆动腿同侧髋下沉、上提相互交替完成竞走练习，距离100米左右，重复练习。

③练习要求：充分伸展支撑腿，在垂直阶段，摆动腿一侧的髋和膝比支撑腿一侧的髋和膝低。

第三节　短跑项目教学

一、短跑技术分析

（一）起跑技术

蹲踞式起跑分"各就位""预备""鸣枪"三个阶段。

1.各就位

听到"各就位"口令时，走到起跑器前，俯身两手撑地，两脚依次蹬在起跑器的前后抵趾板上，后腿膝盖跪撑，两手呈"人"字形撑在起跑线后沿，身体重心位于两手两脚支撑点中央，稍弓身，集中注意力等待下一个口令。

2.预备

听到"预备"口令后，臀部平稳抬起，肩向前移，重心前移，双臂有力支撑，压紧起跑器抵趾板。此时，前腿膝关节夹角为90°~100°，后腿膝角为110°~130°，集中注意力静等鸣枪。

3.鸣枪

听见枪声响后，手迅速离地，两臂屈肘快而有力地前后摆动，同时两腿迅速蹬离起跑器，屈膝快而有力地向前摆动，身体前倾。

（二）加速跑技术

起跑后加速跑技术要求：前倾角适宜，蹬摆迅速有力，逐渐加大步长、加快步频。加速跑的最初几步速度较慢，两脚沿两条直线着地，随着速度的加快，脚的着地点逐渐靠近，直至在一条直线上（起跑后10~15米处）。

（三）途中跑技术

途中跑时，身体稍前倾，两臂以肩为轴，以肘用力（屈肘约90°），手掌伸出做快而有力的摆动。前摆时肘关节屈曲60°~70°，后摆时肘关节角度可达130°~140°。大腿带动小腿自然有力地快速摆动，前脚掌扒式着地，两腿蹬摆与两臂摆动协调配合，目视终点。

（四）弯道跑技术

1.弯道起跑

弯道起跑技术要求有力地蹬腿、摆臂，迅速起动。起跑时，右手撑在起跑线后，左手撑在起跑线后5~10厘米处，使身体正对切线方向。

2.弯道起跑后加速跑

弯道起跑后加速跑技术要求前倾角适宜，蹬摆有力，步幅渐增，重心渐抬，渐成直线，保持身体平衡。

3.弯道途中跑

从直道进入弯道跑时，身体应有意识地向内倾斜，进入弯道跑后，后蹬时，右脚前脚掌内侧用力，左脚前脚掌外侧用力。大腿前摆时，右膝关节稍向内，摆动幅度比左膝大，左腿前摆时，应稍向外。右臂摆动幅度大于左臂，前摆时稍向左前方，后摆时右肘关节偏外，左臂稍离躯干做前后摆动。弯道跑时的蹬地与摆动方向都应与身体向圆心方向倾斜趋于一致。从弯道跑进直道，应在弯道的最后几米，身体逐渐减小内倾程度，并自然跑2~3步后转入正常途中跑。

（五）终点跑技术

到达终点加速摆臂，上体适当前倾，加强后蹬和两臂摆动的力，最后一步加大躯干前倾以胸部冲过终点线。撞线后注意缓冲，不要突然停止。

二、短跑技术教学手段

（一）讲解短跑技术知识，建立技术概念

（1）讲解短跑技术的特点和发展趋势。

（2）教师正确示范短跑技术，包括分解示范和完整示范，也可以播

放短跑录像或出示图片供学生观察、模仿与学习。

（二）直道途中跑技术教学

（1）指导学生学习摆臂技术。

（2）指导学生进行慢跑练习。

（3）指导学生以中等速度反复跑60~100米。

（4）指导学生大步幅反复跑60~100米。

（5）指导学生进行从慢到快均匀加速跑60~80米。

（6）指导学生进行变换节奏加速跑80~100米。

（7）指导学生进行行进间跑练习。

（三）起跑和加速跑技术教学

（1）传授起跑器安装方法。

（2）指导学生学习起跑和加速跑技术，使学生正确体会动作。

（3）指导学生学习加速跑接途中跑技术。

（4）指导学生学习弯道起跑、起跑后加速跑技术。

（四）弯道跑技术教学

（1）指导学生沿半径为10~15米的圆圈依次慢跑、中速跑、快跑，体会在不同跑速条件下身体姿势的变化。

（2）指导学生学习从直道进入弯道的技术。注意即将进入弯道时蹬地和摆臂力量要适度加大。

（3）指导学生从弯道进入直道的技术。注意即将转入直道跑时及时挺身，顺惯性进入直道。

（4）传授全弯道跑技术，体会上下弯道的紧密衔接感。

（五）终点跑技术教学

（1）指导学生学习终点撞线技术，提醒学生胸部撞线后要随惯性继续跑几步，放慢速度，不要立刻停下休息。

（2）组织学生以小组为单位进行练习。

（3）指导学生学习完整的终点跑技术，注意最后冲刺的重要性，冲刺时身体继续前倾，摆臂力量和速度加大。

（六）改进技术

（1）要求学生反复练习完整的短跑技术，将各个技术环节连贯衔接起来，使整个动作更自然、规范。

（2）组织测试，评价学生的技术达标情况，并根据评价反馈改进教学方案，不断优化与提高教学效果。

三、短跑技术学习指导

（一）学习重点与难点

1.学习重点

（1）短跑技术的专门练习。

（2）途中跑技术。

（3）弯道跑技术。

2.学习难点

（1）途中跑技术。

（2）放松技术。

（二）学习方法

1.对正确、完整技术的体会

（1）学习目的：对完整的短跑技术动作予以体会，掌握完整技术。

（2）学习方法：在教师的指导下进行短跑练习，距离大约100米。教师进行示范，学生观察并模仿完成练习。

（3）学习要求：学生练习过程中集中注意力体会正确的动作，大脑积极思考，身体各部位协调运动，以超速度跑动。

2.专门练习

（1）摆臂：

①练习目的：掌握正确的摆臂姿势，促进摆臂效率的提升。

②练习方法：两脚并立，双臂前后摆动，大小臂基本垂直，两手处于放松状态。前摆和后摆的适宜高度分别是肩部高度和臀部后面。

③练习要求：摆臂动作不要越过身体中线。

（2）跑步动作平衡：

①练习目的：促进踝关节肌肉群的发展。

②练习方法：在速度达到最大时保持单腿支撑姿势，左脚脚掌支撑重心，抬右腿使右脚向臀部靠近，两臂屈肘至大小臂垂直。左手和右手分别在肩部和髋部高度。该姿势保持45秒左右。

③练习要求：单腿稳定支撑，身体不要明显晃动。

（3）助力起跑：

①练习目的：加大步频，打破速度障碍。

②练习方法：将一条胶带的两端分别系在练习者和同伴的腰部，二人间隔3～5米的距离，同伴将胶带拉紧助力练习者起跑。

③练习要求：在胶带牵引下起跑。

第四节　中长跑项目教学

一、中长跑技术分析

（一）起跑技术

1.半蹲式起跑

在起跑线后，有力的脚在前，站在起跑线后沿，另一脚向后站立，前腿的异侧臂支撑地面，支撑地面的手将拇指与其他四指分开成"人"字形撑在起跑线后沿，另一臂放在体侧。身体重心落在支撑臂与前腿上。

2.站立式起跑

在起跑线后，两脚前后开立，前脚跟和后脚尖之间的距离约为一个脚掌长，体重大部分落在前脚掌上，后脚用脚尖支撑站立。两腿弯曲，上体前倾，头部稍抬。听到鸣枪或"跑"的口令时，两脚用力蹬地，后腿蹬地后迅速前摆，前腿充分蹬直，两臂配合两腿动作快而有力地摆动，快速跑出。

（二）加速跑技术

上体前倾稍大，迅速而积极地摆腿、摆臂和后蹬。加速跑的距离主要根据项目、个人特点与比赛情况而定。

（三）途中跑技术

1.上体姿势

上体近乎垂直或稍前倾，胸微挺，腹微收，头部自然与上体成一直线，颈部放松，眼平视。整个躯干姿势自然而不僵硬。

2.腿部动作

（1）后蹬和前摆：后蹬动作要求迅速而积极，依次伸展髋、膝、踝三关节，后蹬角度一般为55°左右。当摆动腿通过身体垂直部位继续向前摆动时，支撑腿的各关节要迅速伸直。在后蹬结束时，后蹬腿完全伸直，上体、臀部与后蹬腿几乎成一直线，摆动腿小腿与蹬地腿成平衡状态。前摆的动作方向与后蹬相反，其动作方向为踝、膝、髋。当支撑腿后蹬的同时，摆动腿前摆。前摆时，小腿应自然放松，依靠大腿的前摆动作，膝关节领先并带动髋部向前上方摆出。

（2）腾空：后蹬腿蹬离地面后，人体进入腾空阶段。后蹬腿大腿向前上方摆动时，膝关节放松，小腿顺惯性与大腿自然折叠。当摆动腿的大腿摆至与地面垂直时，骨盆向摆动腿一侧下降，摆动腿的膝关节低于支撑腿的膝关节。

（3）落地：当摆动腿前摆结束时，大腿开始向下运动，膝关节随之自然伸直，用前脚掌在离身体重心投影点的前方约一脚到一脚半处着地。前脚掌着地后，膝关节稍稍屈曲，进入垂直支撑时，再过渡到全脚掌着地。着地时，脚尖向前，两脚足迹内缘要在一条线上。

3.摆臂动作

臂的摆动应和上体及腿部动作协调一致。两臂稍离开躯干，肘关节自然屈曲，约成直角，半握拳，两肩下沉，肩带放松，以肩为轴前后自然摆动，前摆稍向内，后摆稍向外。

（四）弯道跑技术

弯道跑时身体适当向左倾斜，跑速越快向左倾斜的程度越大。摆臂时，右臂向前摆的幅度稍大，前摆是稍向内，左臂后摆幅度稍大。摆动腿前摆时，右膝前摆应稍向内扣，左膝前摆稍向外展。脚着地时，右腿用前脚掌内侧着地，左腿用前掌外侧着地。应靠近跑道的内沿跑。

（五）终点跑技术

终点跑的距离要根据项目特点、训练水平、战术需要以及比赛具体情况而定。一般情况下，800米可在最后300～200米、1500米在最后400～300米、3000米以上可在最后400米或稍长的距离开始终点冲刺跑。

二、中长跑技术教学手段

（一）讲解中长跑技术知识，建立技术概念

（1）讲解中长跑技术的特点和发展趋势。

（2）教师正确示范中长跑技术，包括分解示范和完整示范，也可以播放中长跑录像或出示图片供学生观察、模仿与学习。

（二）起跑和加速跑教学

（1）指导学生掌握不同的起跑方式。

（2）传授起跑后的加速跑技术，并进行各种加速跑练习，提醒学生在练习中积极摆臂和后蹬。

（三）途中跑技术教学

1.直道途中跑

（1）指导学生进行匀速慢跑和加速跑练习。

（3）指导学生进行加速跑→惯性跑→加速跑→惯性跑的练习。

（4）指导学生进行走跑交替练习或中速与慢速结合的变速跑练习。

2.弯道途中跑

指导学生进行圆圈跑练习。

第七章　高校田径投掷类项目教学

第一节　投掷类项目概述

一、推铅球概述

传统投掷类运动中的推铅球运动集力量、速度于一体，其中力量是基础，速度是核心。推铅球运动从产生至今经历了推石块→推炮弹→推铅球三个发展时期，发展历史已有600余年，这是从运动形式出发划分的发展阶段。除了这种划分方式外，从技术演变出发而划分发展阶段的方式也比较常见，铅球技术演变轨迹为侧向滑步→半背向滑步→背向滑步→背向滑步与旋转技术并存，也可以说推铅球运动的发展历史经历了这四个阶段。

推铅球运动的发展主要体现在技术的演进与更新上，新技术的不断出现大大推动了推铅球运动的发展。新技术如背向滑步转体、背向滑步"短长节奏"等的共同特点在最后用力之前达到了很高的水平速度，因此最后用力投出铅球的效果非常好。正因为有这些优势，新技术才受到广大优秀运动员的认可，并被频频使用。

二、掷铁饼概述

掷铁饼运动发展历史非常悠久，在古希腊时期就是运动会的比赛项目。这项运动逐渐流行于全世界是从19世纪末开始的。现代掷铁饼运动从产生至今先是继承发展，然后逐渐成熟，最后稳步保持一定的发展水平。对掷铁饼新技术的探索历来受到相关人员的重视，但从掷铁饼技术的发展历史来看，其外形并没有很显著的变化。当前，现代掷铁饼技术逐渐融入了科技元素，掷铁饼运动员也从国外引进先进的训练方法来进行专项训练，有关学者也从多个学科领域出发对这项运动进行研究，在这些人员的共同努力下，掷铁饼运动将会取得更高水平的发展。

三、投标枪概述

标枪在远古时期是打猎工具，后来发展成为战争武器，随着不断的发展，最终成为运动器材，可见投标枪运动经历了漫长的发展历史。掷标枪运动的发展最直观地体现在器材的演变上。最早用的是木棍枪，后来出现了金属枪头的标枪。最早的投标枪比赛出现在瑞典，早期只有男子参加比赛，直到20世纪初期才出现女子投标枪比赛，而且从第10届奥运会开始，女子标枪运动员也出现在了奥运舞台上。除了器材变化外，标枪技术、竞赛规程也在不断演进与创新，现代高科技在投标枪运动中的深入渗透大大提高了这项运动的技术水平，也使这项运动的发展更加多元化、创新化。

四、掷链球概述

掷链球运动拥有非常悠久的发展历史，早期有三种运动形式，分别是原地投掷、直线助跑投掷和旋转投掷（没有投掷圈限制）。掷链球运动的发展从链球这一专项器材的演进中能够体现出来，早期使用的链球制作材料比较坚硬，后来使用了新的比较柔软的材料，而且有棱角的锤体也逐渐被圆形球替代，手柄被链条替代，钢链上又加了把手。

掷链球运动最初强调力量的重要性，身材高大的运动员用很大的力投掷链球，之后这项运动更注重速度的提升，链球出手速度不断加快，投掷方法不断多元化、创新化，运动成绩也有了新的突破。

第二节　投掷技术的生物力学

本节主要从生物力学的角度分析投掷运动的基本原理，同时解释大部分（非全部）复杂动作的细节。

投掷运动员从人体构造的角度积蓄尽可能多的动能，如何控制这些能量并将其集中释放到投掷器材上的问题也随之产生。要解决这个问题，就需要对投掷的本质有清晰的认识。成功的投掷技术所具备的动作特征如下：①促进形成身体和投掷物的高水平动能传递。②充分拉长身体的弹性组织，以扩大运动范围和提高出手速度。③在出手前，有效地将动能（力）从身体转移到投掷器材。

了解这些生物力学概念有助于投掷者对运动中遇到的问题有更清晰的认识，并且能够更好地提升训练效果。

一、在助跑区蓄力

铅球、铁饼、标枪、链球的比赛都要在我们所说的助跑区内进行。其中标枪投掷的助跑区最大。标枪助跑道长 30～36.5 米，宽 4 米。助跑区最小的是铅球和链球，该助跑区是直径为 2.135 米的圆圈。铁饼投掷的助跑区也较小，该助跑区是直径为 2.5 米的圆圈。

有人可能会想，助跑区域的大小是谁规定的，为什么会有这样的规定，我们为什么不站着把物体扔出去呢？很明显，虽然除标枪外的三项投掷运动的助跑区域都比较小，但其设计目的是增加施加在投掷物上的额外动量，从而将其推至比立定投掷更远的距离。

这种动量是如何产生的？人体的运动是由肌肉收缩提供动力的。化学能量的消耗为肌肉收缩提供了动力。收缩的肌肉带动我们身体中的杠杆系统（骨骼系统），产生机械能来移动我们身体的各个部分。当机械能驱动人运动时，运动中的人就具有动能。动能的多少或数量取决于人的体重和移动速度。

速度的微小变化会显著影响动能。另一个与动能非常相似的术语是动量。动量是一个物体运动的量。

只有具备动能的物体接触到另一个实体或物体时，动能才真正成为力。力可以被描述为推力或拉力，但更精确的定义是质量和加速度的乘积。当投掷者创造出角动量或线性动量（动能），然后将该动量传递给投掷物时，就产生了力。当投掷者握住链球的手柄或握住铅球、铁饼或标枪并开始移动时，就施加了一些力。通过力的作用和物体的运动，不仅身体会产生动量，投掷器材本身也会具有一定的动量。由于链球的质量和旋转时的速度，链球在助跑阶段获得的动量比其他项目要高。

投掷器材掷出的距离取决于运动员完成整套动作产生的总动能，以及从投掷者到投掷物的能量/动量/力传递效率。达到最高速度时，人体会产生最大的动能或动量。要想成功，投掷者必须快速有力，能够快速加速。速度慢、灵活性差的人可能在初始阶段，也就是在青少年、小学和初中阶段能取得成功。但是如果他们无法将力量增至足够大，就会缺乏在小区域内快速加速的能力（产生高水平的动能或动量），从而影响他们在高中或大学阶段的成功。

二、肌肉爆发力

投掷者产生的动能或动量是肌肉收缩的结果。在其他条件相同的情况下，肌肉系统更强大的投掷运动员能够将物体投掷得更远。训练的本质在于，假设一名体形合格的运动员主动按照特定的体能训练方案坚持训练数年，那么他就能达到与优秀运动员相当的力量和爆发力水平。肌肉爆发力是产生动量或能量的重要因素，因此它也是远距离投掷的关键。

三、弹性组织的拉长

成功完成投掷的另一个重要因素是拉长身体的弹性组织，使被拉长的组织能够快速有力地收缩。在投掷运动的相关研究中，这一重要概念经常被忽视。成功的投掷者必须在力量传导阶段前对身体的弹性组织（肌肉、肌腱和韧带）进行充分拉长。弹性组织被拉长后才能快速有力地收缩，恢复到拉长前的长度。

对许多体育活动而言，良好的柔韧性是必不可少的。如果弹性组织功能不佳，对于拉伸的反应缓慢，就会对投掷运动员产生限制。因此，投掷运动员的体能训练方案应有助于其锻炼出强有力的、反应能力强的弹性组织。

四、技术效率

技术效率指的是在投掷过程中，先在助跑区产生高水平的动能，然后在力量传导和出手阶段将更多能量或动量传递给投掷器材。笔者在前文提到过，只要运动员坚持并付诸努力，其力量和爆发力就能达到相当高的水平。坚持锻炼良好的技术所得到的结果是未知的，而努力提高技术效率必将取得进步。实际上，技术效率是成绩提升的关键。但是，提高技术效率能否帮助运动员达到精英级水平目前尚不确定。

五、将能量从身体转移到器械

肌肉爆发力和技术效率影响产生的动量大小以及转移到投掷器材的动量大小，从而影响投掷器材的抛出距离。

每次投掷的关键时刻是投掷器材离开手或手指的那一瞬间。投掷者面临的挑战是在助跑区以非常高的速度移动（具有很大的动能或动量），控制身体和投掷物，将尽可能大的能量转移到投掷物的质心，同时将投掷物以适当的角度（4种投掷器材）和位置走向（铁饼和标枪）抛射到空中。这种能量或力量的有效转移不仅发生在力量传导过程中，在整个助跑过程中也会发生。这就表示在助跑的不同阶段，都要准确地控制投掷物的位置，以便在出手前和出手时能够成功传递力量。

实现高水平投掷的一项基本要求就是投掷者与投掷器材融为一体。"与物合一"需满足以下两个重要的理念。

（1）在整个助跑、力量传导和出手阶段始终控制投掷物的位置，最有效地运用力量。

（2）在最大范围内平稳地让投掷器材加速，避免投掷器材出现颤动。

总之，要取得优异的成绩，投掷运动员必须克服运动中出现的困难、复杂的问题，即如何实施实际的最大合力。在使用非最大力的情况下，运动员可以相对轻松地做出完美的投掷动作。但当运动员试图以绝对的最大速度移动时，其身体的每个部位依次用力，最终当手臂、手和手指都施加最大力时，运动员出现失误的可能性也大大增加。在初学阶段，必须以静态和缓慢的方式教授运动员模仿正确的动作。使用这种方法是有道理的，因为年轻运动员必须熟悉在正确的位置进行投掷的感觉。接下来，他们就应学习如何在正确控制投掷器材的同时，尽可能快速地移动。投掷重要的原则之一就是，在不影响投掷效率的情况下尽可能快地移动。

六、最大合力和非最大合力

投掷运动中经常被问到的一个经典问题是：运动员能否通过练习非最大合力（按比赛要求的训练强度）投掷来学习最大合力投掷？根据笔者的经验，答案是否定的，仅依靠非最大合力投掷练习是无法学会最大合力投掷的。但这并不表示非最大合力投掷对于初步学习或进阶学习没有用。最大合力对人体的神经和肌肉系统具有很高的要求。锻炼期间可以完成多少次最大合力投掷？答案是，如果是真正的最大合力，完成的次数非常有限。因此，大多数精英运动员的投掷训练中包括多次投掷，他们更注重的是正确的姿势和节奏，而非最大合力。标枪运动员尤其如此。与其他投掷运动相比，标枪运动员使用的器械更轻，并且需要更快的动作。实际上，许多优秀的标枪运动员在训练时使用最大合力投掷的频率非常低。例如，简·泽莱兹尼（JanZelezny）的训练基础是做大量的非最大合力投掷。但综合来看，笔者认为练习中应该包括一定次数的最大合力投掷。所有投掷运动中，在其他条件相同的情况下，以最大的出手速度投掷器械的运动员将获得更好的成绩。运动员以非最大速度移动时也有获胜的概率，但这取决于竞争对手的水平发挥。如果运动员在尝试以最大速度移动时无法成功完成动作，那么应以非最大速度投掷。总之，成功的投掷者必须掌握最大合力投掷。

有训练经验的投掷运动员做出来的动作通常具有自然的对称感和节奏感。优秀的投掷运动员都十分强健有力，他们能够在助跑阶段产生大量的动能或动量，并且能够在投掷和出手阶段将相当大一部分动能或动量转移给器械。他们与器械融为一体，能在提高身体和器械速度的同时，将已产生的动能以最大合力传递给器械,整个动作过程优美、精确、轻盈,并且投掷距离远。

第三节　推铅球项目教学

一、推铅球技术分析

下面主要分析背向滑步推铅球(右手持球为例)的基本技术。

(一)握球与持球

1.握球

五指自然分开,把铅球放在食指、中指和无名指的指根处,大拇指和小指自然扶在铅球的两侧,手腕自然背屈。

2.持球

握好球后把铅球放在右侧锁骨外端,贴住颈右侧,掌心向内,右臂屈肘,从侧面看,右肘与身体处在同一平面。

(二)预备姿势

右脚背对投掷方向,右腿直立。左脚在右脚后方20~30厘米处,脚尖点地,微屈膝,身体站立端正,颈部正直,左臂向前上方自然伸出。

(三)团身动作

团身动作是滑步的准备动作。在预备姿势的基础上,上体前俯,左臂下垂,同时左腿向后上方摆起,顺势屈右膝、收左腿、身体重心平稳下降,置于右脚前脚掌上,目视前下方。

(四)滑步

滑步开始时,身体重心水平向投掷方向移动,左腿大腿带动小腿向抵趾板方向踹出,左脚沿地面滑动,经过投掷圈直径约3/4距离时外翻,最后落在抵趾板中间略偏左处。右腿配合左腿蹬伸,右脚动作似滚动,髋部伸展,然后右小腿迅速内收,右脚稍内扣。左臂轻快地向投掷反方向摆动,右手臂动作不变。

（五）最后用力

滑步结束后右脚脚跟不落地，右脚内侧用力形成侧蹬动作，右腿侧蹬伴有转动，推动身体向前。左脚落地后，左腿保持蓄力状态，随着重心前移，微屈左膝再伸直，形成支撑后的蹬伸用力动作。上体由向后伸展的背面转成侧面，身体成侧弓形。

铅球出手时的身体姿势是：左腿蹬直；右腿蹬伸；抬头挺胸，右臂伸直；左臂在身体左侧，左手低于左肩。铅球出手角度约37°，出手点约在左脚脚尖上方或前上方。

（六）结束动作

铅球出手后，继续向投掷方向跟进，维持身体平衡，及时交换双腿改变运动方向，重心降低，左腿积极后退，维持身体平衡。

二、推铅球技术教学手段

下面主要分析背向滑步推铅球技术的教学。

（一）建立正确的技术概念

1.教学目的

使学生对背向滑步推铅球技术的结构、特征及这项运动的规则有所认识与了解。

2.教学方法

（1）将推铅球运动的竞赛规则介绍给学生。

（2）将语言法（讲解）、直观法（示范、录像视频）等教学方法综合运用起来，使学生对背向滑步推铅球技术有直观的认识。

3.教学要求

简单介绍推铅球运动规则，重点分析推铅球技术各个动作环节的结构与特征。

（二）握法教学

1.教学目的

使学生掌握正确的持握铅球的方法。

2.教学方法

详细讲解正确的持握球方法，并做出正确示范，使学生模仿练习，指导学生正确持握球。

3.教学要求

学生学习持握球时，注意控制好球的位置，上身保持正直，注意区分背向滑步推铅球中持握球的方式与旋转推铅球持握方法的不同。

（三）预摆与"团身"教学

1.教学目的

使学生将预摆与"团身"的正确方法熟练掌握。

2.教学方法

详细讲解技术动作与细节，并正确示范，出示直观的图片或播放比赛视频，使学生模仿练习。

3.教学要求

要求学生平稳、放松地完成动作。

（四）摆动腿摆动教学

1.教学目的

使学生将推铅球时摆动腿的摆动动作熟练掌握。

2.教学方法

（1）做好"团身"姿势后，臀部后移，左侧大腿带动左侧小腿摆向身体后下方，身体在下肢的带动下移向投掷方向。

（2）上体团身姿势不变，重心在两腿间。

3.教学要求

可以将学生两两分组进行辅助练习。

三、推铅球技术学习指导

（一）明确学习重点与难点

1.学习重点

（1）密切衔接滑步与最后用力的动作，连贯完成，对用力顺序有准确的把握。

（2）大幅度滑步和最后用力前做好正确的预备姿势，该姿势要对滑步及最后出手有利。

（3）最后铅球出手时身体左侧有意识地制动，维持好身体的平衡。

（4）在完整练习中对加速用力的动作节奏感予以体会，并有节奏地加速用力。

2.学习难点

（1）滑步动作环节两腿蹬摆发力和左脚落地之间不要有明显的过渡时间，动作要尽可能连贯。

（2）最后用力前身体姿势和运动链各环节的动作都要满足要求。

（3）转体推铅球要求左侧身体和左侧腿形成稳定有力的支撑。

（4）铅球出手前沿直线轨迹加速。

（二）练习指导

1.原地拉胶带

（1）练习目的：

①促进身体专项力量的发展，掌握运动链各环节的正确用力顺序。

②体会推铅球时身体各部位肌肉的用力感觉。

（2）练习方法：

①在地面上固定好长胶带（2~3米）的一端，面对胶带而立，一脚在前，一脚在后，右手将长胶带的另一端抓住。

②前腿屈膝，重心降低置于前腿上。

③右腿发力带动右臂和上体转向投掷方向，右臂在转动时对胶带进行大力拉引，拉引到最大限度时逐渐恢复准备姿势。反复练习。

（3）练习要求：重心置于右腿，充分伸展投掷臂。

2.蹬转摆片

（1）练习目的：促进右腿力量、速度和躯干力量的提升，促进学生对身体各部位正确用力方法及顺序的掌握，使动作连贯、有力。

（2）练习方法：

①双手将杠铃握住，做最后用力前的预备姿势，伸直手臂，右髋随着右脚的蹬转而在右腿的带动下转动并充分伸展。

②将杠铃向上举过头顶，身体"反弓"，右腿支撑重心。反复练习。

（3）练习要求：尽可能将躯干伸展。

第四节　掷铁饼项目教学

一、掷铁饼技术分析

（一）握铁饼

五指分开，拇指和手掌紧贴铁饼，其余四指最末节扣住铁饼边沿。

（二）预备姿势和预摆

1.预备姿势

背对投掷方向，两脚分开站在投掷圈后沿，投掷臂放松下垂。

2.预摆

以左向上右向后的预摆为例，持饼臂起动在体侧前后摆动，铁饼摆到体后时，右腿蹬地，再向左上方摆动，稍屈臂，使铁饼位于前额左方，上体也随之左转。随后放松向右后方摆动，重心移至右腿，上体向右后方转动，右腿稍屈，左臂屈于胸前。向后摆到最高点时即是制动点。

（三）旋转

以左脚支撑为旋转的轴心，借助右腿的蹬地力量向投掷方向转动左膝和左肩，重心稍下降并向左腿移动，左腿边屈膝、边旋转，带动身体左转，形成以左半身为轴的旋转姿态。这时右腿大腿带动小腿，右腿弯曲成弧线绕过支撑的左腿进行旋转，整个身体形成了以左侧身体为轴的大扇面旋转。当身体重心通过左腿时，左脚蹬地，身体向投掷圈的圆心移动。在这个旋转过程中，投掷臂和右肩放松。旋转结束时，右腿以前脚掌着地，落在圆心附近，形成单腿支撑。这时仍以右脚为轴继续旋转，左脚脚内侧着地支撑。

（四）最后发力

右脚边转动边向投掷方向蹬伸，同时带动投掷臂进行大弧度运动。左腿支撑重心，使右侧绕着左侧轴转动，全身各部位用力集中在铁饼上，加大出手速度、力量及工作距离，当身体重心位置较高且铁饼与右肩同高时，右手食指末节拨饼，顺时针转动约 35°角掷出铁饼。

（五）结束动作

铁饼离手瞬间，右手小指到食指依次拨饼，使铁饼沿顺时针方向在空中转动飞行。出手后及时地交换两腿，重心降低，顺势再向左转体，维持身体平衡。

二、掷铁饼技术教学手段

（一）建立正确的技术概念

1.教学目的

使学生对掷铁饼技术的结构、特征及运动规则有所认识与了解。

2.教学方法

（1）将掷铁饼运动的竞赛规则介绍给学生。

（2）将语言法（讲解）、直观法（示范、录像视频）等教学方法综合运用起来，使学生对掷铁饼技术有直观的认识。

3.教学要求

简单介绍掷铁饼运动规则，重点分析掷铁饼技术各个动作环节的结构与特征。

（二）握法教学

1.教学目的

学习铁饼的握法。

2.教学方法

详细讲解正确的持握铁饼方法，做出正确示范，使学生模仿练习，指导学生正确持握铁饼。

3.教学要求

学生根据自己的情况适当调整握饼时五指分开的距离和四指末节扣在铁饼边缘的位置。

（三）熟悉铁饼性能教学

1.摆饼

（1）教学目的：使学生对铁饼性能有所熟悉。

（2）教学方法：左脚在前，右脚在后，投掷臂自然伸直落在体侧，并以肩为轴前后放松摆动。

（3）教学要求：投掷臂前后摆动幅度逐渐加大。

2.滚饼

（1）教学目的：使学生对铁饼性能有所熟悉。

（2）教学方法：左脚在前，右脚在后，两腿屈膝，上体向前俯身，投掷臂自然伸直置于体侧，以肩为轴前后放松摆动。当铁饼摆到与身体的距离达到最大时，手指依次拨饼（从小指到食指），最后从食指末节将铁饼掷出。

（3）教学要求：尽可能使铁饼向前滚动的轨迹为直线。

（四）正面原地掷铁饼教学

1.教学目的

使学生熟练掌握正面原地掷铁饼的完整动作，并连贯完成该动作。

2.教学方法

（1）两脚开立，面向投掷方向，向身后摆动铁饼。

（2）上体转向右后方，双腿屈膝，重心下移，回摆铁饼的同时两腿蹬伸，右髋前移，带动投掷臂掷出铁饼。

3.教学要求

运动链各大小环节的用力顺序要正确。

（五）背向旋转掷铁饼教学

1.教学目的

熟练掌握并连贯完成背向旋转掷铁饼技术。

2.教学方法

先徒手模仿投掷铁饼的动作，然后采用小石子、木棍等简易工具进行背向旋转投练习，最后持铁饼进行完整动作练习。

3.教学要求

练习手段尽可能丰富一些。

三、掷铁饼技术学习指导

（一）明确学习重点与难点

1.学习重点

（1）对旋转时旋转轴的转换和加速旋转时的动作节奏予以体会。

（2）最后用力前形成良好的预备姿势。

（3）控制好铁饼出手角度和铁饼运行轨迹。

（4）连贯衔接各个技术环节。

2.学习难点

（1）提高旋转能力，培养与强化动作节奏感。

（2）低腾空和最后用力前左脚的主动快落。

（3）最后用力投掷铁饼时将重心控制好，避免重心前移的时间过早。

（4）最后用力时身体各部位协同配合，在准确时机将铁饼掷出。

（二）练习指导

1.原地连续挥片

（1）练习目的：促进多关节专门力量的提升和协调能力的改善。

（2）练习方法：

①身体充分扭紧开始发力，主要转动右腿、右髋。

②充分伸展投掷臂前后用力摆动，幅度尽可能大。

（3）练习要求：动作自然放松，身体平稳。

2.肩负杠铃杆原地旋转一周

（1）练习目的：促进左腿力量的增强和身体平衡能力的提升。

（2）练习方法：将杠铃举至身后置于肩处，按照掷铁饼中预摆和旋转的动作要求完成预摆，进入旋转后重心置于左腿支撑轴上完成旋转。

（3）练习要求：身体扭紧，尽量压低重心。

第五节　投标枪项目教学

一、投标枪技术分析

（一）握枪与持枪（以右手投掷为例）

1.握枪

（1）现代式握法：将标枪斜握在掌心，拇指与中指握住标枪绳把末端第一圈上端，食指贴在标枪上，无名指与小指握住绳把。

（2）普通式握法：用拇指和食指握住标枪绳把末端的第一圈，其余手指握住绳把。

2.持枪

以肩上持枪为例。把标枪举在肩上，投掷臂屈曲和手腕控制标枪，标枪尖部略低于尾部，整个标枪稍高于头部，手腕稍放松，以便于引枪。

（二）助跑

1.预跑阶段

助跑距离一般为25～35米。从第一标志线到第二标志线15～20米距离作为预跑阶段，通常跑8～14步。

2.投掷步阶段

投掷步是从第二标志线开始到投掷弧这一段距离内的助跑。投掷步通常跑4～6步。投掷步有跳跃式投掷步和跑步式投掷步两种形式。前者腾空时间较长，两腿蹬伸力量大，动作轻快自如，但容易跳得过高而影响动作的直线性和连贯性。后者与平常跑步相似，向前速度较快。

（三）最后用力

投掷步的第三步右脚落地后，身体继续向前运动，重心越过右脚支撑点上方时，右腿积极蹬地。左脚着地时，左腿有力制动，右腿继续蹬地，推动右髋加速向投掷方向运动，使髋轴超过肩轴，并带动肩轴向投掷方向转动。同时投掷臂快速向上翻转，使上体形成"满弓"姿势。胸部继续向前，将投掷臂最大限度地留在身后，右肩肌肉充分伸展。由于惯性作用，左腿被迫屈膝，但随即迅速有力蹬伸，同时以胸部和右肩带动投掷臂向前做爆发性"鞭打"动作。

（四）结束动作

标枪出手后，右腿及时向前跨一大步，重心降低，保持平衡。为了保证最后用力的质量，最后一步左脚落地点与投掷弧的距离为 1.5～2 米。

二、投标枪技术教学手段

（一）建立正确的技术概念

1.教学目的

使学生对投标枪技术的结构、特征及运动规则有所认识与了解。

2.教学方法

（1）将投标枪运动的竞赛规则介绍给学生。

（2）将语言法（讲解）、直观法（示范、录像视频）等教学方法综合运用起来，使学生对投标枪技术有直观的认识。

3.教学要求

简单介绍投标枪运动规则，重点分析投标枪技术各个动作环节的结构与特征。

（二）握法教学

1.教学目的

使学生熟练掌握正确持握标枪的方法。

2.教学方法

详细讲解正确的持握标枪方法，做出正确示范，使学生模仿练习，指导学生正确持握标枪。

3.教学要求

（1）握标枪的位置要正确。

（2）将标枪牢牢握住，放松投掷臂肌肉。

（三）肩上持枪教学

1.教学目的

使学生掌握正确的肩上持枪方法。

2.教学方法

讲解持枪的正确方法，并进行准确示范，使学生观察、模仿。

3.教学要求

持枪时上体和持枪臂保持自然放松状态。

（四）四步投掷步投枪教学

1.教学目的

使学生连贯完整地完成投掷步投枪技术。

2.教学方法

面对投掷方向，跑两步完成引枪，然后接交叉步和最后用力而掷出标枪。

3.教学要求

引枪时保持器械与身体的稳定性，上步时两腿协调发力，蹬摆幅度适当加大，最后一个交叉步时避免上体主动后倒。

三、投标枪技术学习指导

（一）明确学习重点与难点

1.学习重点

（1）连贯衔接各个动作环节。

（2）掌握正确的用力顺序。

2.学习难点

（1）投掷步与身体动作协调配合。

（2）在适宜的时机引枪。

（二）练习指导

1.打小竹条

（1）练习目的：促进躯干、下肢和肩部力量的提升，促进身体协调能力的发展。

（2）练习方法：手持小竹条进行练习，练习方式有原地鞭打、短距离助跑鞭打和全距离跑动鞭打。

（3）练习要求：右腿、右髋转动发力，左侧身体在完成鞭打动作后要形成稳定支撑。

2.对墙反弹球

（1）练习目的：促进手臂、躯干力量与速度的发展，培养用力节奏感和速度感。

（2）练习方法：投掷臂手持带球，非投掷臂扶墙。双脚前后分开，左脚在前，与墙之间大约保持20厘米的距离，朝头上方墙鞭打球。当球反弹时，调整到准备姿势，重复练习。

（3）练习要求：身体向后仰到最大程度时，投掷臂在上体的带动下快速用力鞭打球。

第六节　掷链球项目教学

一、掷链球技术分析

（一）握链球

左手食指、中指和无名指中段指节和小指末节抓握链球的把柄，手指关节弯曲成钩形，勾握把柄。右手拇指外其余四指扣握在左手指指根部，右手拇指扣握左手食指，左手拇指扣握右手拇指，两拇指交叉相握，成扣锁式握法。

（二）预备姿势

背对投掷方向站在投掷圈后沿，两脚开立，左脚靠近投掷圈中心线，右脚稍远，两膝微屈，上体前倾右转，体重移至右腿，链球放在圈内身体的右后方，两臂伸直。

（三）预摆

拉链球，使链球沿有高低点的特定轨迹绕人体做圆周运动。通常采用两周预摆。在两周预摆中，球呈匀加速运动，第二周预摆要比第一周预摆速度快些，幅度大些。预摆速度要与身体的平衡相适应，身体平衡靠两腿和髋的移动补偿调整完成。

（四）旋转技术

合理的旋转技术要求头部与肩保持相对稳定，躯干挺直，两臂伸直，肩和手臂放松牵拉链球，形成稳固三角形，髋部向前挺，双腿弯曲。此外，还要求人与链球形成一个整体，有稳固的旋转轴和较大的旋转半径，要求在身体平衡的情况下变换支撑形式，协调用力，逐渐加速，节奏明显。

（五）最后用力

最后一圈右脚落地，髋轴、肩轴尽力扭转，两臂伸展，链球在身体右后上方，屈膝，身体重心偏左。随着链球下行，重心右移，链球至身体右前侧，两腿开始蹬伸，重心左移并升高，链球沿身体右侧弧线上升。此时左腿有力支撑，右脚左转蹬送，右髋左转，躯干挺伸，左肩左转，头后仰，链球快速上升至左肩高度时，两手挥动顺运行的切线方向掷链球。

二、掷链球技术教学手段

（一）建立正确的技术概念

1.教学目的

使学生对掷链球技术的结构、特征及运动规则有所认识与了解。

2.教学方法

（1）将掷链球运动的竞赛规则介绍给学生。

（2）将语言法（讲解）、直观法（示范、录像视频）等教学方法综合运用起来，使学生对掷链球技术有直观的认识。

3.教学要求

简单介绍掷链球运动规则，重点分析掷链球技术各个动作环节的结构与特征。

（二）握法教学

1.教学目的

使学生学习和掌握正确的链球握法。

2.教学方法

详细讲解正确的持握链球方法，做出正确示范，使学生模仿练习，指导学生正确持握链球。

3.教学要求

牢固握持，充分伸直投掷臂，放松肩部肌肉。

（三）预备姿势教学

1.教学目的

使学生掌握正确的掷链球预备姿势。

2.教学方法

按照预备姿势的动作方法对学生进行讲解、示范，使学生模仿练习，指导学生在重复练习中做好预备姿势。

3.教学要求

预备姿势要自然、放松。

（四）预摆技术教学

1.教学目的

使学生对正确的预摆技术予以掌握。

2.教学方法

按照预摆技术的动作方法与要求给学生讲解、示范，使学生模仿练习，指导学生在重复练习中完成好预备技术。练习方式有徒手预摆练习、双手持实心球或单手持链球预摆练习、双手持链球行进间预摆练习等。

3.教学要求

预摆技术自然、放松，伸直两臂，摆动幅度要不断加大。

（五）旋转和最后用力教学

按照正确的旋转技术、最后用力技术的动作方法与要求进行讲解与示范，指导学生练习。注意旋转中强调人和器械的整体性，旋转幅度要大，充分衔接好每一周的旋转。在最后用力的练习中要注意身体大环节带动小环节的正确用力顺序。

三、掷链球技术学习指导

（一）明确学习重点与难点

1.学习重点

旋转技术是掷链球技术中学习的重点。

2.学习难点

熟练掌握多圈旋转，连贯衔接各圈旋转。

（二）练习指导

1.双手持沙袋左右转体

（1）练习目的：促进躯干和下肢力量的发展。

（2）练习方法：

①双手持沙袋，屈膝下蹲，向右转体。

②双腿蹬地，同时转体，将沙袋抢起，左右两侧反复练习。

（3）练习要求：沙袋重量根据学生实际情况而定。

2.持重链球连续抡摆

（1）练习目的：促进肩部力量的发展和身体平衡能力的提升。

（2）练习方法：双手持重链球，双臂发力连续抡摆数圈。

（3）练习要求：放松肩部肌肉。

第八章　高校田径投掷类项目训练

第一节　铅球

　　具有审美意识的古希腊人不喜欢投掷石头这类笨重物体，掷铁饼和掷标枪的优美动作更吸引他们。现代铅球运动员的祖先来自苏格兰高地，当时，人们对蛮力的渴望超越了对希腊体育理念中流畅线条和优美动作的渴望。如果体育竞技衡量的是人体各种表现形式的极限，那么还有什么比这种简单的比赛（比谁能把石头一样的重物扔得最远）更基本的呢？铅球在美感方面可能屡遭质疑，但是，这种在短时间内推动重物所必需的巨大力量和身体爆发力本身就足以产生一种魅力。铅球是奥运会上常见的投掷项目。

　　苏格兰"石头"重达18磅（约8.2千克），是现代奥运会铅球项目的鼻祖。早在15世纪，苏格兰和英格兰就有用各种形式的石头进行体育竞赛的记录。欧洲大陆早在17世纪就有各种形式的投掷石头比赛。因此，在1896年雅典举办的首届现代奥运会上，铅球作为比赛项目，与更广泛被接受的古希腊奥林匹克投掷项目并列出现，也就不足为奇了。

　　纵观现代奥运会的历史，美国人在男子铅球比赛的参赛运动员中占据了绝大多数。但在1948年参加铅球比赛的女子运动员中，精英级别的运动员几乎都来自欧洲。

　　现在使用的推铅球技术主要分为两类：由帕里·奥布莱恩发明的滑步投掷技术，以及由多人发明，因亚历山大·巴雷托什尼科夫和布里安·奥德菲尔德而闻名的旋转投掷技术。其他技术，可以被描述为局部动作，作为训练或比赛动作同样具有一定的优势。通常，只有新手才会在比赛中使用这些动作，但它们也会作为铅球运动训练方案的一部分。本节讨论的所有投掷技术和动作只针对惯用右手的投掷者。

一、滑步投掷技术

滑步投掷技术由帕里·奥布莱恩发明，该技术现在在全球范围内被使用。多数投掷者认为，滑步投掷技术比旋转投掷技术简单。人们普遍认为，高大强壮的投掷运动员使用滑步投掷技术更占优势，个子矮小但强壮、爆发力强的运动员更适合使用旋转投掷技术。

（一）握球和手臂姿势

握持铅球并不像很多人想象的那么复杂。一个简单的方法是：先用非投掷手（如果教练员使用右手投掷，则用左手）握住铅球；将惯用手的手指自然靠近，拇指则与其他手指尽量分开；惯用手轻扣铅球，使铅球翻转到这只手上。铅球的重心应该位于手指的根部。

铅球放在肩颈部的位置因人而异，以舒适为准。拇指应位于铅球下方，并且要用力把铅球靠向颈部。练习者的肘部所处位置应该在推球之前向后旋转。

1.原地投掷

学习推铅球时，练习发力进行原地投掷是非常重要的。在进阶至滑步技术或旋转技术时，练习者知道如何正确地原地投掷将有助于掌握正确的发力技术。

讨论脚部和身体在投掷圈中的位置时，参照系至关重要。我们发现时钟方法非常有用，我们将在本文中介绍它。

练习者双脚平行，与肩同宽，站在投掷圈内。将大约60%的身体重量放在右脚上，40%的身体重量放在左脚上。右脚放在投掷圈中心附近，朝向9点钟方向，左脚靠近抵趾板。

练习者拇指朝下托住铅球，其余四根手指将铅球朝肩颈部方向推。练习者将肩膀向投掷圈后部转动，使头部到左脚在投掷圈前部大致呈一条直线。放松左臂使其从侧方远离躯干，这就是标准的发力姿势。无论使用滑步技术还是旋转技术，铅球的基本发力姿势都是一致的，原地投掷能够说明这一点。

2.力量传导

要展开并提升身体位置，应从右脚开始。将脚后跟向外推，朝着掷球的方向旋转膝关节，以打开练习者当前扭转和屈曲的身体。这种将扭转的身体打开、逐渐站直并向前移动的发力动作，沿着练习者的身体的中心线，通过臀部、胸部、肩部，最后到达手臂、腕部和手部，此时铅球将最大限度地获得这些来自旋转、直线和垂直方向的力。当练习者把力转移到直线和垂直方向时，左脚在抵趾板上的支撑或阻挡只会轻微施加力。被抵住一侧的腿将对抗旋转，使所有的力转移到铅球上，从而在力量传导的过程中将球从练习者的左侧上方推出去。

右腿推动髋部在同一平面旋转，并使其前移至左腿方向，引导肩部旋转的同时推球。由于在开始力量传导之前，练习者的身体已经达到了最大的扭转和屈曲程度，所以在右膝开始旋转的同时，左臂会向外伸展。当左臂与胸部平行时，它会随着胸部旋转，就像练习者在穿过一扇门之前用左臂打开门一样。

当肩膀朝向推球方向时，用左臂停止或对抗肩膀的进一步旋转。想象一根杆子从抵趾板的左侧升起，推球时，练习者用左手抓住杆，使左侧上半身保持稳定。头部向后旋转，在推球时保持在固定位置，再次将动量传递给铅球。推球后，提起双腿并带动身体向上旋转。

完成原地投掷有两种动作：侧向投掷和背向投掷。进行侧向投掷时，如果练习者已经掌握了此技术所需的平衡技巧，可以将双脚保持在原地，或者可以在推球后适当地移动或转动双脚，将右脚移动到抵趾板侧边，左腿向上和向后伸展以保持平衡，这就是侧向投掷或非转体投掷。背向投掷包含用力跳跃的动作，双腿腾起掷球。推球动作是身体右侧前移，向上并转体进入起跳位置，左侧保持稳定，此时将最大合力传递给铅球。右脚在抵趾板附近落下，左腿向上并向后伸向投掷圈的中心以保持平衡。

（二）起始姿势

完全滑步是指在投掷圈的2.135米距离内快速有效地移动，以产生比原地投掷更大的动量，从而在掷球时获得更大的力，将铅球推得更远。

以背对投掷方向的姿势开始滑步，身体重心落在位于投掷圈后沿的右腿/右脚上，动作起始时的支撑脚的脚尖朝向12点钟方向，或远离落地区。练习者可以垂直站立，也可以屈髋。我们建议练习者采用弯腰或屈髋的起始姿势，因为屈髋时会降低身体重心，有助于练习者在投掷时保持身体稳定或平衡。左臂应自然下垂，左腿弯曲，脚尖抵在投掷圈的边缘。

1.移至投掷圈中心

要获得最大的动量并将其转移给铅球，必须有节奏地、协调地完成这些动作。

水平位移是铅球投掷中使用的术语，指的是把身体的重心向滑动方向移动到其支撑点以外，这是身体在地面上完成水平移动（将身体从一个位置移到另一个位置）的关键要点。完整的掷铅球技术从屈体的起始姿势开始，先抬起左腿，然后放下并弯曲左腿，同时将左腿向前移动，使其向右腿靠拢。左腿到达完全向前的位置（几乎与右腿平行），即开始位移。

位移是指通过臀部向投掷方向移动，将身体重心从投掷圈后侧（12点钟方向）右脚（支撑点）的平衡位置，转移到右脚后方的过程。开始滑步时，练习者应该有一种往投掷方向"坐"的感觉。移动重心垂直点到右脚后方位置的距离越大，所需的移动速度就越快，应避免向后跌倒。向重心垂直点移动的距离越大，所需向后的蹬力越大；而移动的距离越小，所需向后的蹬力越小，所产生的动量也越小。因此需要多次尝试这个动作才能确定合适的运动速度，从而以最大力量有效完成投掷。将重心垂直点从前脚掌向后移动时，要让臀部向下和向后移动，肩膀轻微上提，让右腿将身体快速推向投掷圈的中心。右腿在有控制蹬伸的同时，左腿用力朝抵趾板方向蹬摆，这个动作看起来像劈叉。如果时机正确，此向后蹬摆的动作可以增加投掷的动量，让臀部带动上半身，并确保双脚同时到达最佳发力位置。

2.右脚落至投掷圈中心发力位置

当练习者抬起右脚，将其从起始位置移动到发力位置时，应尽量朝投掷方向旋转右脚，在可以做到的情况下，旋转90°或旋转至9点钟方向。落地时，从头部到躯干，再到左脚尖应大致呈一条直线，并且身体的大部分重量（60%～70%）应该落在位于投掷圈中心的右脚上。这一姿势说明，该技术的发力姿势与原地投掷中所述的发力姿势一致，才能确保练习者的脚在落至投掷圈中心时可以开始做转体动作。

3.力量传导

顾名思义，推铅球中的力量传导依靠的主要是"推"而不是"投"。投球时，通常由肘部带动腕部和手部进行力量传导。但在推球时，腕部和手部在整个力量传导过程中总是先于肘部。推铅球的规则规定，铅球必须放在肩平面以上，并且在力量传导时必须贴近颈部，这使得铅球投掷变得很困难，而且容易犯规。实际出手时，应拇指朝下，手腕由内向外快速屈曲。

推铅球时右腕的发力、右腿的蹬地水平，即最后用力的水平和出手角度与良好的身体力学有关，包括臀部上移和腿部上摆，上半身扭转和髋部屈曲，以及肩膀、手臂和手的抛射角度等。正确地推出铅球需全身发力。上半身，特别是胸部、投掷手臂、手和手指，必须有足够的力量以承受出手时整个身体传递到铅球的力。上半身在力量传导时需遵循前述动作顺序及发力所建立起的推球路径。

4.跟进动作

滑步的跟进动作可能因练习者及其所使用的滑步类型而异。滑步的完成和跟进包括两种主要形式，侧向滑步（非转体）和背向滑步（完全转体）。侧向滑步通常比较简单，通过在投掷圈内做滑步动作来增加力，并在推出铅球时让左腿、左肩和左手臂保持稳定，可能需要移一小步来保持平衡，但当铅球出手后，双脚（尤其是左脚）仍然保持与地面接触。良好的侧向滑步技术的要点是，将身体想象成一扇左侧有铰链的门。推出铅球时，"门"的左侧与"门框"交接，"门"的右侧撞击"门框"，即将力传递到铅球上。

背向滑步中练习者通过主动移动身体左侧，将滑步动作中建立起来的动量传递给铅球。推铅球时，左腿用力向后上摆，然后做一个自然的转体动作，有时可以做一个离地相当高的跳跃动作。接下来的转体动作是，利用抵趾板固定住身体右侧，同时上半身向投掷方向伸展，左腿向上和向后摆动，保持身体平衡。右脚后跟贴靠抵趾板落地，这样能够较好地保持平衡，因为杠杆作用会持续延伸，未转移给铅球的能量将会消散。另一侧动作同理，身体右侧用力旋转，左侧抬高。

二、旋转投掷技术

每一种技术都有其优点和缺点。与其他技术相比，旋转技术的主要优点是，投掷者和铅球在投掷圈内能够移动更长的距离，因此可在推球时获得比滑步技术更快的速度，并且还可更有效地利用身体杠杆，使身体和铅球在投掷圈内获得更大的加速度。其缺点如下。

（1）铅球投掷圈比铁饼投掷圈小，因此转体动作幅度更小。

（2）掷铁饼最后伸展手臂的动作能够对身体其余部分的动作起到平衡作用，而铅球必须保持在贴靠颈部的旋转中心位置，对练习者保持平衡几乎没有帮助。

（3）滑步和其他技术的基础动作相对简单，旋转技术则包括更多发生在不同支撑位置的动作和移动，因此需要练习者具备更强的平衡和身体控制能力。旋转技术对于投掷练习者的主要作用是，它有助于练习者在移动到发力位置时产生更快的速度，包括身体本身、旋转动作过程以及铅球本身。如果练习者可以控制该速度并将其作用于铅球，则可将铅球投掷得更远。

教练员应认识到每位练习者都有长处和短处。练习者各有长处与短处是我们在不同投掷练习者的动作模式中看到差异的原因。尽管存在特质差异，但推铅球的动作基本上是一样的：在一个2.135米的投掷圈内旋转540°，以适当的出手轨迹和高度用最大速度推出铅球。使用旋转推铅球技术的世界级运动员的身高从2米到1.8米以下不等，他们的技术差异在一定程度上与身高差异有关。使用旋转技术时，练习者和铅球移动的距离要比使用其他推球技术时更远，因此在整个动作过程中，形成良好的合力和平衡对练习者能力的要求更高。技术中存在的动作变化越多，整体动作发生变化的可能性就越大。换言之，在学习和巩固旋转推铅球技术时，要注意保持动作尽量简单，因为即使是最基础的技术，也是相当复杂的。

（一）握球和手臂姿势

旋转推铅球的握球方式与滑步方式相同，都是四指扣住铅球，用拇指适当控制铅球的位置。把铅球放在斜方肌对侧、下颌能够贴到的位置，并以舒适为准。在旋转推铅球技术中有多种不同的放球位置。将铅球放在颈部或颈部周围时，重点考虑的是哪个位置可以让练习者把球投得更远。可以调整并尝试不同高度，以确定最佳位置。旋转推铅球技术的重点包括旋转时的舒适性和安全性，以及将球移动到适当出手位置的难易程度。

（二）起始姿势

双脚位于投掷圈中分线（12点钟方向的连线到6点钟方向的连线）的后部，或者左脚踩在中分线上。我们更推荐左脚踩中分线的站位方式。将左脚踩在中分线上能够让投掷者按照这条线从左脚位置沿投掷圈移动。投掷（推铅球）方向应该是这条中分线的延长线。如果做到这一点，投掷者就能有效地在投掷圈内获得最佳的动能。

双脚分开，比肩略宽。开始旋转前，应在处于良好平衡的位置将腿部压低。

从第一个双腿支撑阶段到第一个单腿支撑阶段的动作。在屈腿呈坐姿时，练习者的身体要保持良好的平衡。开始投掷时，练习者务必遵循有节奏的动作顺序，需要对投掷的节奏保持高度敏感，而不单单是注重动作的技巧。旋转技术的起始动作是顺时针将躯干旋转到一个舒适的扭转位置。如果练习者是一名初学者，在投掷开始时尽量减少准备动作，让身体的大部分重量集中在左腿上（也就是"左重心"）。

很多教练员（可能是大多数）提倡在该"后坐"动作中保持重心在两腿之间。而高水平运动员先将身体的大部分重量转移到右腿（重心移到右侧），然后将重量移至左侧，这种方法有助于增加投掷开始时的动量。但是，初学者应先学习正确的出手姿势，而不是尝试做那些需要精细协调的复杂动作。

准备动作结束后，将身体重心移到左侧（保持肩膀水平），在继续旋转左脚的同时，将身体重心保持在左侧并向掷球方向移动。身体重量应该由前脚掌支撑，同时左脚的脚后跟随左脚的外旋而向内推。右脚离开投掷圈时，重心将转移到左脚后方，左腿用力（以弯曲、旋转、受力的姿势承受整个身体的重量）。如果练习者将左臂在身体前侧或后侧摆动并远离身体，以防止其过早地向后倾斜，则练习者的左臂在此动作中会有所帮助。在这个动作的开始阶段，左臂和左大腿要同步旋转。在右腿离开地面时，第一个双腿支撑阶段结束。

1.移至投掷圈后方

移至投掷圈后方的关键是用左腿保持动态平衡，在移动到投掷圈内时，调整并控制左腿以及左腿周围身体部位的动作。右脚抬起时，许多投掷者不会立即进行右腿的蹬摆，而是先将左膝从右侧向投掷方向旋转，右大腿上抬，膝关节屈曲，右小腿提起至与投掷圈平行的位置，短暂腾空。此时右大腿的肌肉伸展，上半身前倾并向右臀和右腿前侧移动。肌肉伸展的同时，右腿以一种类似踢球的踢腿方式向下蹬摆，以左腿为轴画圈，超过原处于靠前位置的肩膀及右臂。右腿越过左腿/左脚，左腿将身体推向低位跳跃（腾空阶段）时，右腿微微抬起。优秀的练习者不会延迟进行右腿的蹬摆，而是立即将右腿抬高并迅速地画圈摆腿，右腿/右脚提起并落至投掷圈中间，同时带动臀部沿投掷圈移动。事实证明，这种右腿动作是有效的。确保右腿以左腿为轴摆动，以产生蹬摆的动量，这些动量可转化为掷铅球的力量。

2.腾空阶段和第二个单腿支撑阶段

当左腿离开投掷圈（腾空阶段）时，身体在手臂和躯干、臀部和腿部之间产生较好的扭转力。绕左侧摆动的左臂随左侧身体一同旋转（而不在左侧身体的前方），此时左臂位于5点钟方向到3点钟方向，使上半身和下半身之间产生很大的扭转力。这个过程（扭转）将持续整个腾空阶段和右腿触地瞬间（第二个单腿支撑阶段）。这样，在左腿触地（第二次双腿支撑）之前，可达到最大扭转力。

介绍旋转推铅球技术时，我们有必要提及2002年美国铅球冠军亚当·尼尔森（Adam Nelson）使用的旋转技术。他在开始投掷铅球时，会以左腿为轴大幅度蹬摆右腿。然后，他会用力地将左腿朝抵趾板方向提起，当左脚离开地面（腾空阶段）时，左腿提起至高幅度屈曲姿势，腿部半屈并上摆，超过绕左腿旋转而落地的右腿。与将左腿从投掷圈的十一点半钟方向转到五点半钟方向时左腿保持低重心相比，这种左腿的高幅度屈曲摆动似乎能够产生更多的动量。当左腿逆时针蹬摆并旋转时，右臂和右肩顺时针转动，与下半身的逆时针转动相对抗。这种对抗运动会使臀部、躯干及肩部的肌肉和肌腱大幅度拉伸（扭转力）。如果能在不干扰节奏和能量传递的情况下做这个动作，对提高远距离投掷项目的成绩大有帮助。

3.右脚触地

练习者的右脚应该落在投掷圈中心之外，脚尖指向4点钟到1点钟的方向。在此位置落地能够加大变换到发力姿势时的旋转幅度。该旋转动作应在脚落地后立即开始，以推铅球时脚尖朝向大约9点钟方向结束。很多初学者会在投掷圈后方跳得很高，并以完全旋转的姿势落地然后进入发力姿势（脚尖朝向大约10点钟方向），以最大限度减少或避免右脚前脚掌的旋转。这个动作被称为倒掷球，是由于向左旋转时间过长（过度旋转）产生的。如果不过度旋转，就无法产生类似于左脚向前蹬摆所产生的动量。保持左腿弯曲，然后左脚快速地抬起，到达中分线略微偏左靠近抵趾板的位置，从6点钟方向稍微展开，使髋部在整个力量传导阶段保持旋转。

4.发力

除了极少数的投掷运动员，大多数使用旋转推铅球技术的运动员都是在较窄的传力位置开始投掷的。发力姿势不应大于内肩宽（即脚的外侧不应宽于肩的外侧）。这种技术的发力姿势适合保持在非常小的范围内。旋转投掷练习者遇到的一个主要问题是，如果他们在发力过程中没有正确旋转，就会像滑步投掷练习者那样掷出球，但其从右到左的长划臂动作更为线性。旋转投掷练习者必须找到"蹬伸和旋转"动作的发力点，这样不仅可以增加发出的力，还可保持在投掷圈内完成投掷。2.135米的投掷圈可能会对爆发力很强的投掷者造成限制，因为他们可能会有超出投掷圈后部的趋势，但通过在投掷圈中心以收紧的姿势落地，将身体重心放在右腿上并完成良好的绕轴旋转动作，投掷者即可向上爆发用力，成功地在小范围内完成投掷。

抬头，准备推铅球。左脚落到靠近抵趾板的位置之前，挥动左臂。

将左臂从10点钟方向挥动到4点钟到5点钟的方向并在此处保持，停止旋转肩膀，准备将动量转移给投掷手臂。

5.跟进动作

旋转技术中"左腿蹬伸和旋转"发力决定了在旋转推铅球动作中必须进行转向。关于转向的讨论很多。如果做了转向运动，那么在发力过程中，由于左腿蹬伸力和旋转力的作用，转向运动应自然地发生。相反，要让练习者不按照自然动作转向，反而很困难。在旋转技术中，完成旋转动作后通常需要做一系列跟进动作以保持平衡。多数旋转推铅球的练习者都会在掷球时蹬离地面，有些会跳得相当高。

离开地面时，左腿向后移动，右腿向前移动，在抵趾板处单脚（右脚）着地。那么，如何在单脚着地后控制身体，避免站不稳的情况发生，是一个有着各种可能答案的问题。下文中将介绍结束动作（缓冲动作）的相关技术要领，以帮助练习者保持身体平衡。

（1）右脚垂直于抛球方向落地，朝向3点钟方向，双脚平展，避免用前脚掌着地。这样有助于减速和保持身体平衡。

（2）落地时伸展身体，控制右膝朝外，右侧肩膀和手臂抬高，将身体重心升高，从而在发力过程中保持能量传递。

（3）将左腿和左臂一起朝投掷圈后部向上伸展。身体延长的杠杆是最终恢复的身体平衡动作/姿势。

三、技术训练

世界级投掷运动员能在不到1秒的时间内完成完整技术动作。因此，好的投掷技术必须成为一种本能反应，一种不经思考就执行的运动模式。反复进行类似动作的练习对于建立正确的运动模式很重要。推铅球的过程非常快，因此，练习者需要把推铅球技术分解成单独的动作进行练习，然后再将这些单独的动作以正确、完整的技术结合在一起。

（一）全站立练习

全站立练习分为三个部分，此练习的目的是使练习者体会投掷时身体左侧的动作，关键是利用抵趾板推出铅球。

全站立练习的第一个动作要领是：两脚平行于抵趾板，面向扇形区域；膝关节放松，适度屈曲；以正常的持球姿势将铅球放在颈部；在保持双脚平衡的同时尽可能地向后扭转身体。反扭转动作的开始姿势与全站立练习一样，右脚旋转并向内推，随后由臀部带动上半身转动。与抵趾板相对抗的左侧保持不动并向下发力，从左脚踝到膝盖、臀部和肩膀形成一条稳固的直线。按站立姿势所述，用左臂和左手对抗旋转，但要注意身体应在掷球的过程中保持伸展。

全站立练习的第二个动作要领是，将右脚向投掷圈中心方向后移12～18英寸（30～46厘米），并重复第一个动作的要领。练习者在做这种大幅度的推球和臀部动作时，要把注意力集中在身体的左侧区域。

第三个动作的要领是将右脚再向投掷圈中心移动12英寸（30厘米），并再次以更大的臀部和推球动作幅度重复该动作。上述每个动作重复3～4次。

（二）半站立练习

下一阶段的练习叫作半站立练习。半站立练习通过线性发力的方式，训练位于抵趾板侧的左腿，此练习相较于全站立练习来说，旋转力有所下降。将双脚放在标准的原地投掷发力位置：左脚贴抵趾板，右脚放在投掷圈中间。

将身体重心移向右侧，右膝屈曲以承受身体重量。左膝不要向外锁死膝关节，以方便做发力制动动作。不要向后旋转上半身，而应使身体垂直于扇形区域。采用与原地投掷相同的方式完成动作：将右侧身体向内旋转，将右脚跟向外推，同时将身体重心移向左侧，从左脚踝到肩部形成一条稳定的直线，此时肩部正对着抵趾板的扇形区域。在左腿处于最高位置时出手推球。除保持平衡的动作外，不应发生任何旋转。

（三）停顿练习

停顿练习是指练习者侧对投掷方向，从投掷圈的后沿开始，用垫步等方式移动，最终停在发力位置，并保持直立投掷姿势。停顿练习是进入最后用力阶段的身体平衡检验练习。对于练习者来说，这是一种检验最后用力姿势是否正确的方法。对于教练员来说，该练习能够放慢练习者的动作速度，可以看到练习者是否处在正确的平衡位置。这个练习应由教师和学生协同进行，以便在学生学习正确感觉的同时，教练员对其进行观察并视情况纠正动作。在教师和学生之间建立了良好的沟通之后，学生即可独自完成这项练习。原本就在投掷圈中间停顿的学生使用这一练习时需特别谨慎。如果停顿或暂停是由平衡问题引起的，那么该项练习最有效。但是，如果学生有停顿的坏习惯，这项练习反而容易助长这种习惯。

（四）跨步收回练习

跨步收回练习训练的是身体右侧从投掷圈后方移动到中间位置的动作，也可以锻炼身体左侧的抵靠动作。起始姿势与原地投掷的发力姿势相同：右腿做一个大跨步，或者向投掷圈后方迈一大步，将右脚放在投掷圈后沿与投掷圈中心之间大约中间的位置。从这个位置开始，收回右腿，将其拉至身体下方。右脚旋转90°落地，左侧仅抵抗右侧的力，不做明显移动。右脚落地后，将右膝向内扣，脚跟朝外，继续将臀部向上移，拉动右侧肩膀并推出铅球；在出手阶段继续完成这个提升旋转动作。

（五）后退练习

可用两种不同的方法做后退练习。两种方法的重点都是保持肩膀处于旋转位置，右脚在投掷圈中间旋转。如果学生在单腿支撑投掷时感到不适，这项练习也可以作为滑步或旋转技术的巩固练习。

后退练习的姿势如下。学生面对投掷圈后方，两只脚平均承重，膝关节屈曲大约90°，肩膀向下延伸超过膝关节。然后左膝关节移动离开投掷圈后沿，将重心移至投掷圈的中间，直到学生感觉失去平衡，就好像椅子要倒下一样。此时，左脚向投掷圈的后沿与中心之间的位置退一小步，同时将重心向投掷圈前沿移动。重心移动到接近投掷圈中心的位置时，将右脚拉回至身体下方，这时可以将左腿轻微向上向前蹬摆。将右脚向内旋转，使其在落地时从起始姿势旋转最多90°（指向9点钟方向）。同时，重心继续向投掷方向移动。但是，在学生的身体离开现有的发力位置做出手动作之前，要求身体重心仍然保持在右脚上，此时学生的身体的扭转力应该最大。继续将右脚向内旋转，当身体重心转移到位于抵趾板上方的左腿上时，将右臀拉回，使力量从腿部、臀部和躯干通过投掷手臂转移到铅球上。

（六）旋转技术练习

由于旋转时的移动、平衡和节奏比简单的发力和位置要求更高，因此，练习移动平衡感是很重要的学习和实践内容。在学习各种练习和完整的技术时，学生应该练习两种基本的动作类型。第一种是体育动作类型的训练，主要训练内容是位置和发力时机，训练时的注意力应集中在身体位置上。第二种类型的训练侧重于如何把爆发力、速度和能量与位置相结合，演变成完整的投掷动作。做投掷动作之前，必须先确定一个相对稳定的位置，以建立平衡和节奏感。重复练习和把握细节对学生十分重要。在练习时，可以拍下动作并进行观察，以了解正确的技术。技术熟练的练习者应注重速度。除了个体差异导致的细微差别外，掌握投掷动作的正确概念和观察的基本技巧也很重要。掌握基本的姿势以后，方可对技术进行个性化改造，以适应个体的身体能力。

1.180°转身步伐

180°转身步伐有其他的名字，如中轴用力或旋转用力，它强调了一个围绕右腿的平衡旋转姿势。这个步伐位于投掷圈中间。从基础的原地投掷姿势开始，右脚放在投掷圈中心，面对原地投掷位置180°的方向。抬起左脚，同时将右脚的前脚掌作为轴心，将身体向投掷方向旋转，然后左脚落地，处于正常的原地投掷位置。转体过程中不应该有多余的向上、向下、向后或向前的动作，并且在整个转体阶段，肩部和臀部相互之间的位置应保持不变。这个动作以右脚为轴进行旋转，把脚跟向逆时针方向推，同时逆时针旋转膝盖和臀部。左腿和左脚在腾空时也会随着右侧旋转。学生可以用原地投掷的方式完成这个动作（单次180°投掷），也可以连续做下一次180°旋转投掷（多次180°投掷）。学生可以在发力姿势停顿，检查姿势是否正确，或者以连续的方式完成多个180°投掷。

这项练习还有另外一种变化形式——在投掷圈的外部进行绕轴旋转动作。在此练习中，学生将沿着一条直线走三步，肩部和臀部同时移动，从右脚（轴心脚）触地开始做动作。此时，学生将右脚和右腿向内逆时针旋转，抬起左腿并将其移动到右腿后方，旋转成站立姿势。在站立姿势短暂停顿后，肩部向后，臀部平行于行走方向，旋转离开发力姿势，然后回到正常的直线行走姿势，为下一个180°转身做准备。

2.南非式旋转练习

南非式旋转练习的主要目的是训练学生直线穿过投掷圈的能力。教师和学生应确保步伐在12点钟至6点钟方向的直线上进行。该练习包含了实际投掷的大部分动作，但不包括投掷开始时的四分之一转体。这个练习对于学生掌握第一个单腿支撑姿势从平衡位置开始的动作节奏非常有帮助。

南非式旋转练习的起始姿势是右脚在投掷圈外侧的12点钟方向，左脚在12点钟方向的线上。开始练习时，以左腿为平衡点逆时针转动身体，右腿绕左腿蹬摆的同时，身体进入投掷圈。左膝向着投掷圈的中心压低，就像要开始冲刺一样。这个动作和变式南非式旋转练习中做的动作基本一致。当然，在铅球投掷圈旋转的距离更短。这个动作要求非常迅速，右脚必须比做变式南非式旋转练习时更快地迈出12~18英寸（30~46厘米）的距离。落地位置应超过投掷圈中心8~12英寸（20~30厘米）。接着，左腿绕右腿蹬摆，并以较小的幅度在靠近抵趾板的位置迅速落下。双腿抬起并旋转，进入推球姿势。如果这个动作做得正确，左腿和臀部的动作将有助于身体腾起，并且在发力前，左臂还将对抗右侧身体的旋转。该练习的起始姿势可根据右腿的位置、髋部和膝关节的屈曲程度和右腿的蹬摆幅度而变化。注意，在这个练习中学习的是身体的直线移动以及投掷时的节奏和身体姿势，要求动作与投掷学生在实际投掷中的动作、节奏达到高度一致。

3.360°转身练习

360°转身练习训练的是学生从投掷圈后方的双腿支撑（两条腿）转变为单腿支撑（一条腿）时的平衡能力。它是南非式旋转与全旋转技术之间的过渡练习，该练习的目的是把旋转运动转变为直线运动。需要着重强调平衡在旋转中的重要性，而在投掷圈后方旋转是最关键的，练习动作本身非常简单。

该练习是在投掷圈后部进行的，要求学生将身体重量均匀地分布于双脚之间，双膝略微屈曲。肩部水平向右小幅度旋转蓄力，左脚尖旋转360°，抬起右腿以保持平衡，完成转身后右腿回到起始姿势。转身时，臀部和肩膀保持在同一高度，并尝试让肩膀和臀部保持在同样的相对旋转位置，不要让学生的上半身靠前带动臀腿动作。想象一下，在学生伸展的左臂和屈曲的左膝之间有一条线，这条线的长度在整个转身过程中始终保持不变。

360°转身练习的价值在于掌握如何在保持适当的平衡位置的同时，从投掷圈后方进行旋转，以及如何正确地完成旋转。速度也是影响平衡的因素，一些学生可以快速地完成练习，但不能放慢速度完成练习。高水平的投掷可以在整个旋转过程中保持两膝之间的起始距离不变。

学生可以改变的因素包括左脚和膝盖伸展的方式和时机、重心左移抬起右腿的程度和力度，以及动量减少时完成旋转的方式。这项练习也有许多变式，包括多次重复和不同组合，可以是360°转身练习，也可以是南非式旋转练习和全旋转技术练习。如果学生完成360°转身有困难，可以把它分解成半圈甚至四分之一圈，直到学生能够掌握完整的360°转身动作。在掌握转身动作之后，学生就可以找到正确以直线平稳移动的方式进入发力位置的时机。

第二节　铁饼

铁饼是从古代奥运会五项运动中的项目演变而来的，其余四项分别为跳远、掷标枪、斯塔德竞赛和角力。

米隆（Myron）的经典雕塑《掷铁饼者》表现出了投掷铁饼时的人体动作。对于当代投掷者而言，《掷铁饼者》雕塑中刻画的姿势与投掷前的发力姿势相似。古代投掷者并不是在铁饼投掷圈内进行投掷的，他们使用的是类似于标枪投掷的助跑区。古代奥运会使用的铁饼的标准重量和尺寸与现在的铁饼有很大不同。希腊博物馆展出的铁饼重量为4～15磅（1.8～6.8千克）。

1896年，现代奥运会创办之初，掷铁饼存在两种形式，一种是在倾斜的平台上（老式）进行原地投掷，另一种是自由式。其后比赛逐渐由原地投掷演变为在正方形比赛区域投掷。到1912年，铁饼比赛场地开始演变为一个直径为2.5米的投掷圈，运动员在其中投掷，这种形式一直延续至今。

　　起初，铁饼投掷圈是在泥土或草地上画出来的，其中泥土投掷圈最受欢迎。通过浇水和夯实，泥土投掷圈的投掷面相对稳定和平坦。带有1英寸长钉的田径鞋是铅球和铁饼运动员的首选运动鞋。而穿着这样的鞋子练习和比赛，投掷圈很快就会被磨损，投掷者需要花费很长时间来维护投掷圈。20世纪50年代，人们开始使用沥青制造投掷圈，后来出现了用混凝土制造的投掷圈。投掷鞋变成了无钉平底鞋。由于混凝土具备表面平坦以及几乎不需要维护的特点，混凝土投掷圈被广泛使用，目前已成为标准投掷圈所使用的材料。不过，混凝土仍然存在许多摩擦问题。混凝土投掷圈通常不是太光滑就是太粗糙，并不能作为最佳平面，但基本上能满足投掷者的需求。经过多年来的不断完善，现已形成了统一标准的铁饼投掷圈。投掷圈的直径、各位置的厚度、表面光滑度和铁饼最小重量得到统一。但是，铁饼的结构、材料和圆盘重量已经发生了变化。在现代铁饼的结构中，对不同程度的圆盘重量进行了大量测试和研究。铁饼运动员要想获得成功，必须学会运用投掷技术快速地移动，完成一个或多个加速周期，同时保持对身体和器械的精确控制。显然，21世纪大多数（非全部）体育运动的成功都需要极高的速度和精确度。

　　投掷运动员所面临的挑战是，如何以高效的节奏（运动的时机或顺序）和极快的速度移动，同时精确地完成每个技术动作。学生需了解大部分投掷的距离。评估关键技术对运动员是否有效的重要测试是：很好地完成该项技术是否能够改善或保持良好的投掷成绩。总之，投掷者可以从以下两种反馈中获得帮助。

　　（1）投掷者自身的感觉。

　　（2）教练员的反馈信息，包括通过观看视频获得运动员关于节奏、脚和身体位置以及投掷距离的点评。

　　教练员需要了解，运动员在任何特定的投掷中，通常只能专注于一个关键技术环节。教练员需要观察运动员的动作姿势，并在运动中感受到良好的节奏来进行教学。教练员对运动员的身体姿势或节奏做出点评，并利用视频深入分析节奏和动作姿势来帮助运动员。在做到节奏优美、感觉良好的投掷方面，教练员和运动员需要共同努力。

一名没有经验的铁饼运动员第一次掷铁饼，结果可想而知。而从没有经验到成长为一名合格的投掷运动员，需要经历包括训练、学习和技能精进（身体和心理）的过程。虽然有时会在短时间内取得巨大的进步，但大多数进步都相当缓慢。每一项技术或体能上的小进步都会帮助运动员进一步提升投掷的能力。

本部分介绍了许多技术动作的概念，其中每项技术都可能有助于增加投掷距离。由于投掷者的成绩各不相同，因此无法预测具体能增加多远的距离。某项关键技术可能对某一名投掷者来说有效，但对另一名投掷者可能没有明显的效果。然而，有一些姿势或动作常被优秀的投掷运动员使用。这些都将作为重点内容介绍。

一、掷铁饼基础原理

抛开运动员之间技术动作或风格的差异，接下来讲解掷铁饼的技巧。我们可以将投掷运动员之间的差异视为由一种通用技术产生的变化，这种方法至少从20世纪20年代以来就一直被高度关注。本节将重点描述以下两种掷铁饼的方式。

（1）转向技术。

（2）非转向技术。

这样描述将使学生更容易学习如何掌握每种技术。不过，这两种技术有许多相同的特征。本节将讨论两种技术共有的特点，包括铁饼的正确握持方式、铁饼掷出的轨迹或线路、上半身和下半身动作的分解、在出手时对铁饼的控制以及投掷前的准备。

（一）握铁饼的方法

大多数有经验的铁饼运动员握持铁饼的方式通常是用所有手指紧贴铁饼——前两根手指非常靠近（间距不到0.3厘米），后两根手指稍微间隔一定的距离，大约0.6～1.3厘米，拇指在食指旁大约3厘米的距离。

铁饼和手的接触点非常重要。用手指末端的（最后一节）关节上侧牢牢握住铁饼。拇指从最后关节到拇指末端均用外侧接触铁饼。拇指应施加轻度到中度的压力，以保证铁饼稳定投掷。仔细观察优秀投掷运动员握持铁饼的手，你会发现其手部形状呈杯状或抓握状。铁饼与手掌周围的肌肉垫接触，包括小指和拇指的内侧，但不接触掌心的任何部位，以及除上述部位以外的其他手指部位。

正确的铁饼握持方法是用手握住铁饼的后2/3处。以这种握持方式拿起铁饼有助于投掷者更好地释放力量，以最大的能量、漂亮的弧度掷出铁饼。良好的投掷弧度和能量传递取决于出手时力量和控制动作的正确结合。

（二）铁饼的轨迹或路线

"轨迹"和"路线"这两个词可以互换使用，用于描述铁饼从起始位置到发力后的运动/位置。本节将首先介绍铁饼的投掷路线，后续将针对投掷的各个环节展开介绍。

20世纪初，"波动"这个词被用来形容铁饼从起始位置到力量传导的过程中被带动或移动的运动。这种波动概念在今天仍普遍适用。主要的技术未知因素是，铁饼从起始位置到力量传导的波动运动过程中，应该移动多高和多低的距离。一般的答案是，每个运动员都需要通过反复尝试以找到最佳的感觉。但是，适度的起伏往往比极端情况要好。在选择之前，可同时尝试极端和适中的位置。

当铁饼的位置正好与投掷方向相反（12点钟方向）时，它会从较低的位置移动。在投掷过程中处于这种较低位置时会发生两次波动，一次是在动作开始时右脚抬起的阶段，一次是在发力时处于投掷圈中心的阶段。

当铁饼处于投掷方向（6点钟方向）时，它会从一个相对较高的位置移动。掷铁饼时，这种高位移动在投掷过程中会发生三次：第一次是在准备动作阶段，第二次是在处于投掷圈中心的发力位置阶段，第三次是在掷铁饼的阶段。在准备动作结束时，将铁饼举至高位是非常重要的。在这几个高位阶段中，最容易被忽视也可能最重要的是，处于投掷圈中心的发力位置开始的阶段，用力将铁饼从投掷圈中心处举起。

开始投掷时，将铁饼从高位拉下来，此时在重力的帮助下会产生加速度优势。这个概念将在有关投掷动作的讲解中被更详细地介绍。

铁饼在高低位的移动大部分是肩部运动的自然结果。有针对性地练习提起和降低铁饼，对于教师教授或学生学习最佳位置是必要且有效的。

（三）上半身和下半身动作分解

当学生处于准备阶段或投掷的其他阶段时，良好的身体和动作意识状态有助于学生获得正确的感觉。笔者把这种动作意识状态称为上半身和下半身的动作分解。下半身（臀部和腿部）是处在活动状态的、正在发力的身体部位，它们带动着学生在投掷圈内旋转，而上半身（躯干、手臂、颈部和头部）则较为放松，主要负责上下移动铁饼，然后等待发力。上半身等待（停顿或放慢旋转速度）并放松（如果使用得当，左臂对这个动作很有帮助），而下半身则尽量扭转（收紧）肌肉、肌腱、韧带、筋膜和其他弹性组织。然后，在最后合适的时机，扭转的身体通过伸展而产生一个巨大的能量，这个能量通过腿的举起、推动、旋转传导到髋、躯干、肩膀、胳膊和手。笔者将此过程称为长拉，长拉是一种奇妙的感觉。铁饼的出手速度 70%~80% 由伸展、举腿和主动发力动作决定。

（四）铁饼出手时的有效能量转移和最大空气动力学效率

投掷铁饼时，能量转移以及使铁饼在空中有效飞行的最佳方向都极为重要。铁饼的形状赋予了它空气动力学的特性。按照正确的空气动力学方向掷出的铁饼，比以不正确的方向掷出的铁饼飞得更远。在大多数情况下，要获得最有效的能量转移和最佳的掷出效果，铁饼的最佳方向应是其外缘降低 5°~10°，前缘稍微升高（2°~5°）。如果出现直接的右侧风（与右侧呈 90°），则出手时铁饼的外缘应保持水平，而不是向下。

（五）投掷前准备练习

投掷前准备练习非常重要，它能缓解学生的紧张情绪，帮助学生在比赛环境下做好心理准备。学生可以在进入投掷圈之前做这套练习，但是一定要采用舒适的方法，以准备正式投掷。投掷前准备练习应包括以下内容。

（1）放松眼睛，以观察铁饼的方向和掷出效果。

（2）进入投掷圈后仔细观察位置，双脚正确站位。

（3）开始有节奏的准备动作。

（4）身体本能地完成准备动作。

二、转体技术

"转体"一词源自大多数铁饼学生进行侧臂抛掷时自然发生的动作。双脚的方向与投掷方向相反。例如，一名惯用右手投掷者在掷铁饼时左脚向前，右脚向后。投掷时的发力动作（蹬伸并推动右臀、右肩和右臂进入投掷位置）带动身体右侧向前移动，身体左侧向后移动——这就是"转体"的概念，即双脚位置倒转。

（一）起始姿势

投掷学生在投掷圈内要正确站位，需要做到以下两点。

（1）把时钟系统应用于投掷圈，投掷方向应为6点钟方向。

（2）12点钟方向与6点钟方向的连线将投掷圈对半分开。

正确的起始姿势是投掷者与投掷方向保持180°角，双脚距离应大于肩宽。左脚可以在线上，也可以在11点钟方向稍微靠左。投掷的每个阶段都很重要，但是，笔者认为第一个单腿支撑从开始到结束的各个环节尤为关键。双腿支撑指的是双脚着地，单腿支撑指的是单脚着地。双脚距离应大于肩宽，这样既可以保持稳定，又方便在左、右脚之间移动身体并完成起动。起动指的是使身体在一定范围内（准备姿势的宽度）移动，目的是在做投掷动作之前蓄力。

（二）准备动作

在此动作过程中，投掷者保持放松的节奏非常重要。请尽量保持上半身放松。在准备动作中，学生身体重量的60%～70%应落在右脚上，保持膝关节屈曲。完成开始的动作需要较强的平衡能力，保持低位或从高位移至低位来达到这种平衡。右脚保持稳定，左脚可自由旋转，左膝内扣。用左脚前脚掌内侧或者脚尖贴靠投掷圈。由于右脚是不动的，因此右腿可能会产生一定程度的扭转。准备动作完成时，双腿和髋部应呈弯曲状态（降低至正常身高的80%～90%），这是需要考虑的重点。有些学生喜欢在准备动作完成时形成扭转，由此产生的扭转感与在发力位置产生的扭力非常相似。

大多数有经验的投掷者只做一次投掷预摆，有些初学者通过做多次预摆来完成准备动作，应尽量将次数控制在1～3次，并固定下来。当上肢收紧时，将铁饼举高，但不要高于肩膀。向后摆动投掷手臂，直到手臂与投掷方向垂直。一些投掷者的动作幅度可能更大。

当完成准备动作并开始转体进行旋转时，投掷者将身体重心转移到左腿上。降低重心，用左脚的前脚掌内侧踩地，然后旋转脚尖，使其指向7点钟方向或8点钟方向。手臂相对伸直，将左臂向左摆动。有些投掷者会把左臂完全伸直，有些则会保持一定的屈曲度，但所有投掷者都会将左臂从大约2点钟方向或1点钟方向摆动到6点钟方向至4点半钟的方向，位于左大腿上方的位置。在左脚抬起之前，请勿将左臂旋转到大腿前方。当左臂到达大约4点半钟的位置时，停止旋转，这样可以有效减缓上半身的转动速度，以便在发力阶段产生更大的扭转力。

许多初学者容易在移离投掷圈后部时，过度旋转双脚和上半身。出现这种过度旋转的原因是投掷者在摆动左臂时，左臂超出了左腿前方，指向投掷圈的后方——12点钟方向。教师应尽量帮助初学者做到在7点钟方向停止左脚的旋转，并确保其在转动移离投掷圈后部时，保持左臂位于左大腿上方。

先提起右腿（开始第一个单腿支撑阶段），然后以左腿为轴，将右腿在较低或中等的高度进行蹬摆。正确完成右腿动作对于掷铁饼非常重要。注意，当重心转移到左侧时，才可提起右腿。有一些教师主张尽量推迟提起右腿的时间，也有教师认为应该尽早做这个动作。提起右腿的时机不会明显影响动作的质量，但学生的感觉截然不同。不论何种情况，仅当身体的重心转移到左腿上，并且左膝旋转导致双膝分开，使左、右大腿内侧的肌肉得到伸展时，方可提起右腿。较早和较晚提起右腿的区别在于右脚在移开投掷圈之前腿部内侧伸展的程度。如果投掷者较晚提起右腿，即在右肩超过右臀时才提起右腿，则右臀必须做一个追赶动作，以产生用于力量传导的扭转力。当肩膀延迟移动或臀部用力向前推动时，这种追赶很容易在投掷时引起突然加速动作。而较早提起右腿，可以使右肩始终保持在右臀后方，这似乎是更好的选择。在以左腿为轴进行旋转时，上半身和臀部之间的扭转力最小。

（三）在投掷动作开始时蓄力

铁饼投掷圈是一个直径为2.5米的投掷区，投掷者可以在其中积累尽可能多的能量或动量。以下是在投掷开始时可以使用的蓄力技术。

（1）从右腿到左腿的身体重心转移。

（2）右腿先离开投掷圈，然后向上提起（最小力量）。

（3）在投掷开始时左脚/左腿带动身体向左拉。

（4）左臂摆动。

（5）身体倾斜，或者说将重心移出支撑面。身体平移的前提是将重心（从身体重心的正上方延伸的直线）移到支撑面（站立时脚的外侧距离）之外。身体倾斜造成重心转移，从而产生一定程度的动量，这种动量可以很强大。

（6）蹬摆右腿。大幅度蹬摆右腿所产生的动量比右腿靠近左腿摆动时所产生的动量更大。大幅度蹬摆右腿是产生动量的重要动作。

（7）左腿和左脚的推动力。

从这些技术中获得的动能/动量大小取决于学生的身体重量、力量和技术水平。

（四）铁饼从高位移动的线路

当学生从第一个单腿支撑姿势开始绕左腿旋转进入投掷圈时，铁饼处在右臀的后方相对较低的位置。当铁饼环绕左腿并开始向投掷方向移动时，它会以一条倾斜的路线上升到投掷的最高点（大约7点钟位置），这是在右腿着地瞬间发生的（第二次单腿支撑）。学生的左臂一直主动地绕着左侧画一条较大幅度的弧线，然后摆动到4点半钟附近的位置，并在此处放慢速度，也可进行短暂的停顿。下半身继续旋转，会与躯干产生对抗，从而使躯干和臀部之间产生扭转力。

（五）右脚触地或第二次单腿支撑阶段

腾空阶段完成后右脚触地或者进入第二次单腿支撑阶段。由于移出投掷圈后方时非常关键，加之小幅度跳跃动作比跳得高更有效，所以右脚应该落在投掷圈中心点附近，脚跟朝向8点钟方向至9点钟方向。

腾空阶段开始时，下半身继续旋转，此时可通过停止左臂和肩膀的转动来启动旋转过程。继续完成右脚触地后的动作，躯干和臀部之间的扭转力在腾空阶段大幅度增加，直至产生最大扭转力。这通常发生在左脚触地之前（第二次双腿支撑）。

（六）左臂对于增大上半身旋转力的作用

在右脚着地之前和右脚着地后旋转的初始阶段，学生的上半身必须滞后发力，以产生在力量传递阶段所需的扭转力。如前所述，学生的上半身必须放松才能达到扭转力的延伸。注意，左臂在此过程中将作为辅助，将其保持在胸前的位置会产生较大帮助。

放松右臂和肩膀，使其处于后侧较高的位置。铁饼在此阶段达到最高点。大多数投掷学生的最大身体扭转力似乎都是在右脚快触地时产生的，这是第二个单腿支撑阶段的开始。当学生将右脚前脚掌作为支点时，保持这个扭转姿势。在左脚着地之前开始出手，进入发力的力量传导阶段。

以单腿支撑开始的力量传导方式可能令人费解。但是，仔细观察许多优秀投掷运动员的视频后发现，上半身扭转的展开都是在左脚触地之前开始的，不过在教学时不应该按照这种方法指导学生，即教师不应该教投掷者在左脚触地之前开始左臂展开动作。相反，有些教师会告诉投掷学生，要等到左脚落下之后再发力。笔者认为这样会导致力量传导时的不自然延迟，可能引起突发性动作。从右脚着地的位置开始，右脚应该快速旋转到脚跟指向4点钟方向或5点钟方向的力量传导位置。

（六）力量传导

当左脚着地时，弯曲双腿，铁饼应在出手之前向左旋转180°。右臂应完全伸展，左臂稍微弯曲，两者都应与投掷方向垂直。抬起并旋转双腿，带动身体旋转、向上和向前。左腿上抬并保持稳定，同时右腿转动并向前移动。左臂用力摆动，使其在身体左侧呈屈曲状态。

这些动作可以稳定身体左侧，并将旋转的动量转移到右肩/右臂，最终转移到铁饼上。学生右臂的肌肉和肌腱在拉长之后尽可能缓慢地移动，最后由肩膀带动旋转。右手尽量控制铁饼的角度和姿态，在铁饼出手的瞬间给予铁饼极大的力量。当学生引导并推动铁饼进入空中时，右手轻微发力。

（七）力量传导阶段的铁饼轨迹

铁饼向下扫，达到轨迹的最低点，然后沿着圆形绕圈，由于学生上半身长时间扭曲之后松开，外加腿部和髋部的驱动，会产生巨大的向前推动的力量。然后是投掷的结束时刻，即出手。其目标是将大部分已产生的力通过学生的手或手指转移到对准正确方向的铁饼的中心，使铁饼在空中保持尽可能长的飞行时间。

（八）转体

发力后，特别是当学生的双腿经过蹬伸和发力之后，身体在惯性旋转的过程中离开投掷圈地面。当右脚/右腿从后向前落地时，学生应立即降低重心以保持身体平衡，并将身体保持在投掷圈内。这种双脚的互换动作被称为转体。这个动作不是主动完成的，无法练习。相反，转体是力量传导阶段结束后自然发生的动作。转体时投掷很少用右脚着地并站稳；相反，他们通常会通过继续旋转来释放身体多余的能量，并在投掷圈内恢复稳定。有些投掷者在力量传导时不进行双脚互换转体。接下来将对这一技术进行分析。

三、非转体技术

在男子投掷运动员中，于尔根·舒尔特（Jurgen Schult）和拉尔斯·赖德尔（Lars Reidel）多年来一直在掷铁饼比赛中处于领先地位。维尔吉利尤斯·阿雷克纳使用转体投掷技术赢得了2000年的奥运会比赛，成功挑战了拉尔斯。在女子项目方面，伊尔凯·维鲁达（Ilke Wyluda）和马丁纳·奥皮茨-赫尔曼（Martina Opitz-Hellman）摘得了奥运会桂冠，并创造了多项世界比赛和奥运会纪录。据统计，使用非转体技术的女子运动员比男子运动员多。在男女比赛项目中，这两种技术都被成功地使用过。

（一）起始姿势

转体和非转体技术的起始姿势基本上没有区别。投掷者面向与投掷方向成180°的位置，双脚距离大于肩宽。运动员可以用12点钟方向到6点钟方向的连线将投掷圈分开（两边的距离相等），把左脚踩在这条线上或靠近这条线的位置。

1.从第一个双腿支撑阶段到第一个单腿支撑阶段

转体技术和非转体技术的主要区别体现在右脚离开投掷圈，进入第一个单腿支撑的阶段。注意，在准备动作完成后开始投掷的初始阶段，将重心转移到左脚，上半身旋转，膝盖分开，左大腿内侧向外伸展。在左腿的动作完成后，将右腿抬起（尽量延迟右腿上抬）。当右脚抬离投掷圈时，随着身体左侧继续向左旋转，右脚或多或少地向上移动并在后方停留。旋转左侧身体，延迟右腿动作，使左侧远离右腿，此时身体产生较大幅度的扭转。将右腿抬高到与投掷圈表面几乎平行的位置，大幅度屈曲右膝。当身体明显收紧时，像踢足球一样用力向前蹬伸右腿，在躯干即将面向投掷方向之前把右腿伸直。身体转向投掷方向时（在4点钟至3点钟的位置附近），上提弯曲的右腿，呈腾空状态。

2.从第二个单腿支撑阶段到腾空阶段

在右脚落地前的腾空阶段，右脚在空中旋转。该旋转会在触地之前对右腿施加扭转力。在腾空阶段，上半身的扭转动作与转向投掷技术要求相同。作为一名投掷教师，在做右腿的动作或者对其进行观察时，我的感觉是，右腿是这个动作的关键。

右腿带动着其他动作。右腿动作的完成质量会影响其他动作。右脚着地后，右腿稍微屈膝并开始旋转。要顺利完成这个动作，身体必须在右脚上保持精准的平衡。

（二）力量传导

左脚着地时，以右脚前脚掌为支点进行旋转，直到旋转至右脚的外侧触及地面，并且右脚跟位于右脚前脚掌的右侧。上半身和下半身之间的大部分扭转都是在右脚触地时产生的。

右膝的内旋增加了右脚的旋转幅度，然后是臀部旋转。如果动作做得正确，则将带动躯干、肩膀以及伸展的手臂转动并上移到投掷位置。左脚应尽可能早地在3点钟方向着地。力量传导时，由右腿和右臀绕着（对抗）支撑的左腿旋转，此时左腿应固定在投掷圈左脚着地的位置。转动右肩，直到右肩超过胸部朝向投掷方向；此时，手臂的肌肉和肌腱被充分地拉长，手臂用力向前挥动，铁饼出手。在铁饼出手之前、出手时和出手之后，左脚应始终牢牢地固定在投掷圈前部着地处，右脚也应与投掷圈保持接触，右脚后跟抬起，脚尖轻触投掷圈。

以下是非转体投掷的主要特征。

（1）抬右腿——当向左倾斜并向投掷方向旋转时，将右大腿和小腿抬起到与地面平行的位置。弯曲、拉动并悬空抬起右腿，使大腿肌肉处于被拉长的状态。

（2）将弯曲、拖后和悬空抬起的右腿像踢球一样蹬伸出去，产生动量。

（3）踢球式蹬伸将使右腿在11点钟方向到9点钟方向之间伸直。

（4）从开始踢腿到投掷，注意力应该集中在右脚、右腿和右臀上，这些身体部位是投掷的关键。

（5）在铁饼掷出之前，左腿应固定在投掷圈地面上，不要抬起重心、不要转体。

四、技术与节奏训练

好的掷铁饼技术是由一系列连贯的动作构成的。许多动作需要同步发生。如果整体动作中的个别动作完成得不好，可以有针对性地通过分解动作训练来加以改进。但是，这些经过强化的分解动作需要及时结合到整体动作中。

在做动作时，应专注于特定身体部位或感知特定的节奏。学习掷铁饼时，应将注意力集中到特定的身体部位或对节奏的感觉上，从而感知正在发生的动作或其对特定后续动作的影响，这种能力是非常重要的。所以，当做同样的动作时，必须能够关注（在投掷的不同阶段）到身体的不同部位的感觉。每次投掷时，把注意力集中在多种感觉或多个动作上是极为困难的。因此，与此相关的练习通常包括做相同的技术动作，但动作过程中的侧重点不同。当然，技术练习（包括训练）的目的是不断细化整体运动的各个部分，直到技术能够成为高效、流畅、连贯、有节奏的整体。

（一）起始姿势练习

用12点钟方向到6点钟方向的连线将投掷圈分开，将左脚前脚掌踩在这条线上或稍微偏左的位置，右脚的位置应超出右肩。需要强调的是，对于初学者，身体稍向左倾斜可能更好，即大部分的身体重量落在左脚上。

（二）准备动作练习

当学生掌握了起始动作后，建议学生把身体重心从左腿移到右腿上，然后再移回左腿，这样可以在做准备动作时获得一些动量，尤其是在实际掷出之前的最终准备阶段。

（三）关键动作练习

多年的经验告诉我，投掷时重要的阶段是从准备动作开始到右脚触地瞬间的过程。因此，要强化掌握"关键动作"的节奏和身体位置。手臂向后摆，至少与投掷方向保持垂直。此时，大约80%的身体重量放在右腿上，右脚指向2点钟方向，用左脚大脚趾的内侧接触投掷圈。转体开始时，身体重心左移，左脚的前脚掌内侧触地，并且作为支点进行旋转。将左臂绕着左腿大幅度摆动，这是转体阶段和投掷开始阶段的关键动作。在这个过程中，提起右脚，保持膝关节伸展的距离与站立时大致相同。右脚抬起时，关键动作的第一部分结束。

（四）非转体技术练习

做这项练习时，学生应先将右腿抬起（直到大腿和小腿与投掷圈的地面平行），屈膝，使右腿呈弯曲状态，然后以左腿为轴蹬摆右腿，接着在右侧伸直右腿。在向投掷圈中心点移动的同时，应抬起腿和整个身体，离开地面。腾空时，右腿和右脚向内侧转动，准备落地。脚趾指向11点钟到2点钟的方向，开始进行旋转。落地时，必须用右腿保持很好的平衡。虽然学生将铁饼持于投掷圈后部的位置（投掷的起始位置），位于此位置时铁饼的高度可能比使用转向技术时高一些，但铁饼仍然应该位于臀部后方。学生需要在大约5点钟的位置将铁饼拉起至高位，然后沿倾斜的线路将其放低。以下是非转体技术和转体技术的主要区别。

（1）右腿抬高和膝关节屈曲（稍微延迟）。

（2）面朝投掷方向时，在右侧蹬摆右腿。

（3）许多使用非转体技术的投掷学生在落地之前，右腿/右脚在空中有明显旋转动作。

（五）发力练习

学习这个练习的方法是用静态的方式，一步一步来。打好基础之后，再进行完整技术练习。

（1）弯曲右腿站立，右脚放在投掷圈中心，脚趾指向11点钟方向或12点钟方向。

（2）将左脚放在右脚后方，与投掷方向呈一条线（6点钟方向）。左脚的脚趾触地。

（3）将持铁饼的右臂抬起，指向5点钟至6点钟的方向（高位）。

（4）将左臂屈曲于胸前，手指向6点钟至5点钟的方向。这个姿势与学生刚开始发力时的姿势很相似，屈髋，身体扭转，铁饼抬高。也许没有投掷者能这么早就将左脚放下，但本练习要求学生将左脚放在地面支撑点上。

（5）通过绕右脚旋转，左臂向外摆动并远离身体。

（6）抬高身体并向前移动，同时提起并带动铁饼向投掷方向移动，当左臂向投掷方向转动并停在左侧时，身体的大部分重量转移到左侧。在练习者的控制下，铁饼短暂停留，其后铁饼沿倾斜的路线下降至低位，再沿倾斜的路线移回到发力位置。在不失去平衡的情况下，学生应尽可能向右侧或向投掷侧伸展。开始可以放慢速度做这个练习，要特别注意起始姿势，然后练习用动态的方式流畅地完成动作。

（六）长蹬摆，短着地练习

此练习的目的是学习投掷时的步伐节奏。从起始姿势的站位开始，然后进入准备动作。开始做右腿蹬摆动作时，先将右腿抬起至中等高度，然后摆动左臂至左大腿上方。在此阶段，注意力应该放在右腿的蹬摆动作上。将腿抬起至中等高度，然后在投掷圈的后部进行蹬摆，在1点钟至11点钟的方向短暂伸直，这就是蹬摆。第一次着地是右脚触地。第二次着地是左脚触地。整个动作的节奏是，先做一个较长的蹬摆，然后双脚快速着地。蹬摆—着地—着地，重点在于右脚有节奏蹬摆，然后右脚快速触地，紧接着左脚快速触地。

（七）铁饼从低位到高位动作要点

此部分介绍铁饼从低位到高位的正确运动线路。这条线路是一条倾斜的直线，而不是弧线。左脚与投掷方向垂直，站在投掷圈后部，右脚应该站在大约1点钟方向的投掷圈外部。将铁饼持于右臂后方作为开始位置。弯曲左腿，以左脚为支点进行旋转。其后，将铁饼带至低位，然后沿着一条倾斜的、基本上是直线的路径，从大约11点钟方向到大约7点钟方向（保持高位到5点钟方向）向上移动，此处是铁饼运行的高位。

（八）变式南非式旋转练习

此练习几乎是一个完整的投掷过程。学生通常是在场地上来回连续移动，而不是从投掷圈内开始移动。当然，也可以在圈内做这个练习。

面向投掷方向，右脚垂直于投掷方向站立。在右侧轻轻地来回摆动铁饼。用铁饼调整身体，向前再向后移动铁饼，然后抬起左腿，用右腿支撑将左腿向前移动。铁饼应先向后，然后向下、旋转、向上摆动。左腿落地，同时仍沿逆时针方向向前移动铁饼，抬起右腿，练习者应确保跃起时，右腿能够以左腿为支撑大幅度摆动，移至左腿前方，带动身体朝着投掷方向移动。铁饼现在应处在高位。右脚落地，保持平衡，脚趾指向1点钟到12点钟的方向。铁饼应该向上和向后移动，左臂应在胸前保持短暂的屈曲状态。左脚应与右脚在一条直线上，左脚尖与右脚背或脚跟对齐。将左臂向外摆动使其远离身体，负责投掷的手臂绕右脚进行旋转准备掷出铁饼。实际投掷应该是干脆和快速的——依照连贯的动作平稳进行。铁饼以适当的角度和姿态飞行，完成投掷的质量更好。本练习的关键点是，在身体不失去平衡的情况下，应尽可能向右侧或向投掷侧伸展。

做这项练习时，要注意以下几点。

（1）进入投掷并在投掷中做明显的直线运动。

（2）将铁饼抬高（但不要过高）。

（3）正确的节奏。

（4）良好的出手，具有适当的飞行角度和姿势。

使用转体技术的投掷者应以转体姿势结束。使用非转体技术的投掷者应控制右侧旋转，并用左侧进行对抗——避免向左转体。

（九）原地投掷练习

做这项练习时需要注意以下几点。

（1）出手时控制铁饼（铁饼的角度和姿态）。

（2）宽度达到右边的最大半径。

（3）良好的飞行高度和出手角度。进行转体和非转体原地投掷练习。

（十）重复掷铁饼的旋转动作

在低摩擦系数的地面上做此类旋转动作会很轻松。连续做5次投掷旋转动作，注意保持良好的身体平衡和脚部旋转。在开始时同时启动（左脚和在发力位置的右脚）。此练习的重点是体会身体旋转，而不是关注铁饼的运动线路和移动平面。学会双脚旋转：先用左脚旋转，迈一步，然后再用右脚旋转；停顿，重复4次；稍做休息，再重复5次。

这个练习要求步子小一些（先左脚后右脚），这样可以强化旋转动作。

五、力量与体能训练

铁饼的训练主要包括力量训练、快速伸缩复合训练、冲刺和敏捷性训练的部分内容。但是，如果加以练习以下几种技术并充分运用，将有助于提高学生的投掷能力。

（一）投掷不同重量的物体

在使用不同重量的物体做练习时，可以使用两个手臂——右臂投掷一次，左臂投掷一次。可以使用药球，也可以使用轻重不一的铁饼。笔者更喜欢使用重型铁饼。进行力量训练以及做各种跳跃和短跑动作，能够锻炼力量和爆发力。研究表明，不论投掷轻型器械还是重型器械，投掷者都能从中得到锻炼。一个有趣的现象是，许多投掷者都在使用重型器械进行投掷，而使用低于或等于器械规定重量20%的轻型器械进行训练的投掷者很少。

许多人认为，投掷运动应投掷各种各样的物体，以使身体达到投掷的一般状态。目前许多已被生产和销售的物体都适用于投掷，如锥形球、短链球、不同重量的球、可增减重量的圆盘、不同重量的药球、铁棒等。以不同的方式和不同的重量进行药球练习也是很有帮助的。笔者认为，在投掷时必须以高速进行运动，而导致投掷速度明显降低的物体无助于长时间投掷。显然，投掷者都希望做一些能够增加投掷距离的练习。力量和爆发力训练方案已被证明能很好地帮助投掷者完成这一目标，许多运动尚未被证实能帮助投掷者增大投掷距离。

（二）低位斜板飞鸟

双手分别握持适当的重量，先坐下来，然后躺在斜板上。双臂从肩平面向外伸展，让重量尽可能舒适地朝地板下降，然后做一个水平的肩内收动作，双手并拢举过头顶。不用完全伸直肘部，如果重量较轻，也可以将肘部伸直。

（三）手腕卷动练习

拿起一根截断的撑竿跳高的撑杆，在中间绑一条小绳子（绑牢固）。把撑杆放在蹲架上。用绳子绑上重物，或者将某种金属呈T形系在绳子上，以便将重物挂在上面。将重物固定好后，用腕部力量将其卷起，然后放下。在卷动过程中，通过手腕的屈曲和伸展来完成练习。

1999年，世界冠军安东尼·华盛顿说过一句值得令人思考的话："我不会再在举重室做任何慢动作练习。"快速做练习可以增强投掷者的爆发力。在每次力量训练时至少完成一次快速爆发练习（所有的奥运类举重/硬拉训练都是快速力量训练，颈后挺举也是），这样就能维持爆发力和速度。教练和学生必须认识到，学生在做投掷、快速伸缩复合训练和冲刺时，都是在挑战身体的爆发力极限。因此，笔者不提倡以最大速度进行力量训练。例如，当一个人在推举或蹲起运动中举起1RM阻力的80%~100%的重量时，移动会相对缓慢。为了快速移动而降低阻力水平或减小运动范围（主观上的快速），降低重量可能会削弱力量训练效果，并可能使投掷者受伤。

（四）训练方案示例

铁饼训练方案示例的目标是增强投掷者的最大力量、爆发力和无氧耐力，并使投掷者熟悉投掷的要求（训练方案中×10代表重复10次，3×代表做3组，余类推）。训练旨在提高投掷者的速度和爆发力，同时使其保持高水平的力量。这些训练自然可以帮助学生成为一名高效的投掷者。做更多的投掷训练则会让学生的技术动作变得更熟练。显然，比赛的目的是使学生成为优秀的投掷者。该阶段的重点应该是投掷技术训练而非体能训练。训练活动围绕锻炼高强度投掷展开。

第三节　标枪

标枪是历史悠久的体育项目之一。最早发明的掷标枪工具是狩猎和作战用的长矛，早期比赛的竞赛内容包括投掷距离和准确度。古代艺术展示了运动员、士兵和猎人如何使用长矛。世界各地凡是有体育项目记载的地方，都少不了标枪。与铁饼一样，标枪也是古代奥运会五项比赛项目之一，其评判标准是投掷距离和准确度。

进入20世纪后，人们越来越重视体育运动，并将体育运动作为一种娱乐和挑战方式，标枪在许多欧洲国家流行起来，这些国家现如今已成为这项运动的主流国家。随着第一届现代奥运会的临近，斯堪的纳维亚国家（尤其是芬兰）和中欧及东欧国家成了标枪活动的中心。标枪比赛目前的评定标准只有投掷距离，其大部分规则沿用至今，包括重量和长度标准。虽然欧洲的"体育文化"学校中设有女子掷标枪课程，但直到1932年，女子标枪才被纳入奥运会，并诞生了第一个被认可的女子标枪世界纪录。

男子的标枪规格自1896年开始统一，女子的标枪规格自1932年开始统一（男子标枪重800克，长2.6米；女子标枪重600克，长2.2米），随着技术的进步，标枪的材质也在不断地优化。标枪规则规定，标枪只能由三部分组成，即枪杆、缠线把手和金属枪尖。20世纪50年代以前，标枪还是用木头（通常是桦木）制成的，通常使用寿命较短；翘曲变形和冲击断裂是很常见的问题。20世纪50年代的十年间，美国成了标枪界的焦点，因为在此期间发生了三个重要事件。

（1）1952年在芬兰赫尔辛基奥运会上，美国选手赛·永和比尔·米列尔夺得标枪比赛的前两名。

（2）次年，富兰克林·巴德·赫尔德成为第一位在标枪比赛中创造世界纪录的美国人，同时也是首位成绩超过80米的运动员。

（3）赫尔德、永和米列尔不仅是标枪界的顶级运动员，他们对这项运动的技术也产生了深远的影响。他们与巴德的兄弟迪克合作研究出了标枪历史上变革最大的标枪——金属杆标枪，这种标枪的枪杆较粗。这项新技术增加了标枪投掷的距离并增强了标枪使用的耐久性。

20世纪60年代，橡胶跑道的出现，解决了潮湿环境下运动员难以站稳的问题，提高了比赛成绩的公平性。对运动员进行更系统的训练，尤其是力量训练，同时让运动员了解运动科学对训练的影响，有效促进了运动员体形的改善和力量的增加。到20世纪70年代末，运动员的成绩超过90米已经不足为奇。投掷技术和训练更侧重于使运动员了解和利用标枪的飞行特性。到了1980年，世界纪录已超过96米，相关人员开始考虑能否在大多数体育场内安全地举行该项赛事。

与此同时，女子标枪比赛也有了重大进展。第二次世界大战后，苏联的运动员开始在女子体育项目中占主导地位，其中就包括标枪。从1949年到1982年，女子标枪比赛中只有一项世界纪录是由非东欧国家女子创造的。1977年，美国的凯特·施密特掷出了69.32米。女子标枪运动员的进步与男子标枪的发展是同步的，金属标枪和科学训练的快速兴起，使标枪纪录从1954年的超过55米增加到1982年的超过74米。20世纪80年代初，芬兰、英国和希腊等国涌现出许多优秀运动员，苏联的主导地位遇到挑战。

20世纪80年代，男女运动员在投掷距离上又出现了新的飞跃。男子运动员的投掷距离超过了场馆的极限，女子运动员经常突破70米。1984年，民主德国运动员尤韦·霍恩（Uwe Hohn）完成了一件不可思议的事——他以惊人的104.80米的成绩突破了100米的纪录。从1983年到1985年，他的成绩一直保持在超过90米。由于霍恩和其他运动员的投掷成绩经常超过90米，国际业余田径联合会（IAAF）出于场馆内人员的安全的考虑，为标枪比赛引入了新规则。针对男子运动员的标枪新规则于1986年生效。新规则显著减小了标枪的表面积，并使标枪重心前移，以降低其飞行性能。从前使用旧标枪能掷出90米的运动员，使用这种新标枪很难突破80米。优秀女子选手的投掷距离几乎和男子选手不相上下。1985年到1988年，民主德国的彼得拉·费尔克（Petra Felke）创造了4次纪录，其中最后一次成绩是80米。

从1988年到2000年，随着男子运动员对新式标枪性能的了解和技术的有效改进，他们又取得了持续的进步，而女子运动员的成绩则略有下降。男子标枪"三巨头"出现于1988年，此后的很长一段时间中，他们都在重大比赛中占据领先位置。芬兰的塞波·拉蒂（Seppo Raty）、英格兰的史蒂夫·巴克利（Steve Backley）和捷克的简·泽莱兹尼（Jan Zelezny）在选手中遥遥领先。但到了1992年，三人中只有泽莱兹尼一人保持名列前茅。截至编写本书时，已有8位男子运动员使用新标枪掷出超过90米的成绩，其中7位运动员21次掷出超过90米的成绩，第8位运动员泽莱兹尼共75次掷出超过90米的成绩，他还获得了三次奥运会冠军和两次世界锦标赛的冠军，被公认为历史上最伟大的标枪运动员。虽然自1999年引入新标枪规则以来，女子运动员的成绩略有下降（超过70米已经很了不起），但她们的运动水平也有了很大提高。

一、技术

在各投掷项目中，影响投掷距离的三个关键因素如下。

（1）出手速度。

（2）出手角度。

（3）出手高度。

后两者以地面为参考点进行测量。若按照优先级排列三者的顺序，则出手速度最为重要，其次是出手角度，然后是出手高度。重要的是记住，良好的技术对以上三个关键因素有较大影响，当投掷者熟练掌握了技术后，其在各个方面的表现都会有所提升。投掷者的投掷技术必须能够将其身体能力（速度、爆发力和节奏）应用到这三个方面。使用正确的技术时，投掷者不是只用手臂"扔"出标枪，而是通过整个身体的配合"拉动"或"牵引"标枪出手。

投掷标枪的过程将运用到各种力量的总和，先从地面开始，能量依次由身体的一个部位转移到另一个部位，最终传递到标枪上。"鞭打动作"这个比喻能很好地说明投掷动作。总的来说，投掷者需要在尽可能短的时间内将标枪掷出尽可能长的距离。投掷标枪包括以下分解动作（所有描述只针对惯用右手的投掷者）。

（1）在助跑阶段获得动量后，将右臂向后引，手部与肩部同高或略高于肩部，身体稍微转向一侧。

（2）投掷前右脚着地时，右膝屈曲（"软步"），使身体重量和助跑动量继续向前移动而不减速。保持右臂向后伸直，同时将左臂朝投掷方向伸展以保持平衡；左腿也向前伸展，等待触地。

（3）迅速将身体的重心从右脚移开，左脚触地。将左侧作为支撑或支点，左侧保持固定，以加速右侧进入发力位置。在触地前，右脚跟向外旋转，左肘位于左脚上方。这些动作是同步进行的，并且都是在左侧支撑的瞬间完成的。

（4）左腿的支撑动作会引起一系列导致身体向上的牵张反射，首先是右髋向前旋转，然后停止。这会推动投掷者的肋骨和胸部向前拉，而手臂仍保持在身体后侧，使肩膀受到拉伸。胸部保持稳定，同时肩部被挥至身体上方，手臂跟随肩部动作。

（5）手臂在做鞭打动作时，抬起并屈曲肘部（就像网球发球一样），然后随着肩部的动作迅速伸展肘部。标枪离手后，手和手臂将继续加速。右手完成投掷动作时，通常会挥至左大腿。

投掷动作的整体感觉是爆发性的水平运动。教师和学生在改进技术时，应注意以下关键环节。

（1）保持或增加从助跑到投掷时的动量。

（2）腿部"离开"上半身时，身体向后倾斜。

（3）投掷动作从腿部开始。

（4）髋轴和肩轴分开。

（5）左侧保持稳定的支撑。

（6）延迟做手臂鞭打动作。

（一）软步的重要性

所有动作的基本原则是使重心从臀部和腰部不断地向前移动。观察优秀的投掷者，在其身后找到与腰部水平移动且平行的参考点，如地平线或跑道/场地线。投掷者在向前移动时，其交叉步动作中几乎没有垂直运动，这样才能保证投掷动作是向前的。保持重心水平向前移动是远距离投掷的关键，而软步动作则是实现这一目标的关键。

投掷技术关键的一点是将身体重心快速转移到左侧，投掷动作的其他部分都与这一点相关。在做投掷交叉步动作时，理想的情况是从右脚着地到左侧支撑的过程中不损失任何速度/动量。发力时，能量从身体各个部位自下而上转移到标枪。右腿的"无动作"（软步）是使重心转移的原因，所以掌握这一关键技术非常重要。右腿不主动蹬伸和摆动，而是将右脚趾屈，脚趾触地并在地面上拖动，同时右膝主动向内翻转或下压。当右腿快速向左侧移动时，想象右腿"让开"髋部会很有帮助。

如果投掷者感觉到右腿在向上蹬伸，表明动作减速或停止了。在整个助跑和交叉步动作中，腿部的动作必须是向前和水平的。任何膝盖和髋部在垂直方向的动作都会干扰重心的移动，进而影响最终的发力位置。投掷标枪是"手持标枪的跳远"，所以必须集中精力让投掷质量和水平加速，使其形成突然的支撑，将助跑的能量转移到肩部/手臂/标枪上。

把这个技术形象化的一个好方法是，在快速将重心移向左脚的同时，将投掷侧的肩膀尽可能往后甩。这就是"满弓"姿势，又被称为"倒C"。这是一种非常有力的姿势，它几乎使整个身体都处于牵张反射状态，但它也很短暂——只能保持一瞬间。如果做得正确，支撑的左侧会让投掷者"向外翻转"，从这个翻转的姿势开始做折叠动作，身体右侧和标枪将以左侧为支点转动并向上移动。左侧的固定动作要迅速完成，如果动作正确，力量会迅速传递到投掷侧的肩膀上。投掷者可以把固定的左侧想象成开始投掷的触发点。投掷者会感觉到躯干和肩部的动态伸展，接着发力后右肩用力做一次向前主动伸展。由于进入和离开发力位置的速度都非常快，向前只会感觉到发力后有一个冲击姿势或"追赶"动作。但如果投掷者能感觉到身体形成倒C，意味着投掷者停止了右脚和左脚着地之间的移动，并且失去了重要的弹性势能。换句话说，就是变成了用手臂投掷。通过腿部动作给投掷肩膀加速是不可忽视的关键点，这可能是投掷技术中最关键的部分。要做到这一点，必须快速地将重心沿水平方向转移到左侧支撑。

清楚地了解如何做软步以及为什么要做这个动作是投掷标枪技术的关键部分，有助于投掷者理解它在整个助跑和力量传导动作中的作用。投掷技术包括三个主要部分。

（1）助跑，为下一阶段获得动量以及确立节奏。

（2）过渡步骤，使标枪和身体处于适当的位置，以进行投掷。

（3）投掷标枪。

每个部分的动作都会产生相应的结果，导致投掷距离增加或减少。某一阶段的成功会对下一个阶段产生积极的影响；同样，若某一环节出现错误，则会影响最终的投掷效果。如前所述，各环节的执行方式可能会有所不同，但必须协调配合才能实现远距离投掷。

（二）助跑

助跑也许是最容易掌握的技能，但它在远距离投掷中的重要性经常被忽视。简单地说，助跑是在持握标枪的同时进行的一种平稳加速跑。它是一个很放松的动作，没有肌肉发力，并且在引标枪后形成一种可以持续加速的节奏。

（三）助跑长度

助跑长度没有严格的限制，一般在6～20步。通常，经验丰富、水平较高的投掷者采用距离更长、速度更快的助跑。在助跑阶段，动量的增大是后续动作成功的关键。如果投掷者的身体因为在助跑过程中获得更多的动量而变得更轻盈，就更容易移动和扭转身体。初学者可以采用4～6步的助跑，较长的8～12步助跑更适合经验丰富的投掷者。

（四）握法和持枪方法

标枪的持枪方法是举枪于肩上，使标枪与地面大致平行，握持牢固且放松。标枪有三种常用的握法，这三种握法都有利于投掷者在引枪和发力时将力转向标枪。

（1）美式握法。

（2）芬兰式握法。

（3）钳式握法。

这三种握法都是利用掌心的凹处作为标枪的固定点，至于手指如何夹握把手和持枪都是可变的。第一种握法是美式握法，即使用拇指和食指握在枪的缠线末端；第二种是芬兰式握法，使用拇指和中指握在枪的缠线上，食指斜握在枪杆上；第三种是钳式握法，用食指和中指夹握标枪。握标枪不存在最佳方法，使用这三种握法的运动员都曾打破过世界纪录。尝试这三种握法，使用让自己觉得最舒服并能更好控制标枪的握法。

投掷者需要花大量的时间来适应持枪移动。各种跑步和跳跃练习能够帮助投掷者在持枪状态下以一种轻松的运动方式自然移动。投掷者的握持必须达到能够在练习这些动作时没有任何紧张感的程度。这些练习非常重要，它们能使投掷者学会轻快地移动，以及增加身体/标枪的动量。

（五）过渡（引枪）

助跑阶段之后是过渡（引枪）阶段。在此阶段，投掷者需要将标枪引至发力位置，同时继续以一种放松和加速的方式跑动。引枪是投掷的另一个关键阶段，任何不稳定或紧张的动作都可能对最终的投掷产生不利影响。在过渡阶段的引枪动作中，投掷者的肩部会发生旋转，而腿将继续积极地朝投掷方向移动。这种扭曲的跑步姿态相当别扭，投掷者需要多次重复才能使这种不自然的动作成为正常的移动动作。如果投掷者想尽快将标枪和手臂引到发力位置，就不应该以容易引起肌肉紧张的方式完成动作。投掷者会发现，想象自己从标枪的位置跑开或把标枪留在身后，比把标枪往后引更容易完成放松的引枪动作。除了移动标枪的位置以外，过渡阶段还包括一系列使身体移动到最佳位置的动作，以便在发力时将助跑获得的动量转移到标枪上。

多数运动员在引枪和最后用力之间会运用2～4个交叉步。之所以叫交叉步这个名称，是因为右腿倾向于与左腿交叉（针对惯用右手投掷者），并且上半身呈前文中描述的扭曲姿势。最后一个交叉步动作将使身体处于可以使用软步动作的位置，这对于投掷者快速移动重心到掷出标枪的过程至关重要。

关于交叉步的最佳步数以及在交叉步过程中的身体姿态，目前存在一些争议。通常建议初学者使用更少的步数进行直线风格的移动，开始时常使用包含两个交叉步的五步过渡（引枪）。在积累更丰富的经验后，可以尝试更多的步数或更"扭转"的风格。以下是各种风格的简单介绍。

（1）步数较少，髋部和双脚朝向投掷方向。这种更线性的方法可以使髋部和躯干在有限的运动范围内获得较快的速度，并通过"加速超过"

把助跑动量转移到投掷时所需的位置。这种风格的最后发力使用的就是两个交叉步。

（2）步数较多，身体转向侧边。这种侧向或扭转姿势可能降低助跑速度，但可以在最后发力时使身体产生更有力的运动。时机很重要，若没有把握好时机，则出现失误的概率较大。这种扭转风格在最后发力前使用的是七步模式（三个交叉步）。

不论使用哪种风格，投掷者都必须迅速使腿部超过肩膀，并且在髋部和肩部之间产生扭转，当投掷者做软步动作和左侧支撑动作时，扭转力必须达到最大。在最后的交叉步中，右脚尚未落地之前，左腿要迈过右腿。其原因是，在右脚做软步之前的最后一个左腿步中，投掷者要用左腿"跳远"，经历一个腾空阶段，在该阶段中，投掷者的身体在腾空中等待落地，身体与发力姿势相一致。当右脚落地时，从软步开始发力。

（六）最后用力

掷标枪的最后用力动作是通过相关肌肉一系列牵张反射收缩实现的，它是一种身体突然停止运动，能量通过身体传递到标枪的过程。做个简单的比喻，人体就像一辆汽车，推动身体运动的肌肉是汽油，抵抗身体运动的肌肉是刹车。如果投掷者在用力时，同时踩住油门和刹车，其结果是消耗了很多能量，却没有产生多少积极的动作，即投掷者只是在转动车轮。当投掷者刻意向远处抛掷或用力抛掷时，就会出现这种情况——投掷者在转动车轮。而要运用到肌肉（汽油）的弹性势能，则需要放松，避免踩到刹车。

（1）右脚落地时，将发生软步动作。软步开始时，右膝下压，髋部快速超过右腿，到达右腿前方，这是投掷的关键部分。标枪投掷中常见的技术错误是落地时错误，以及随后右脚不正确的软步动作。

（2）当左腿从"跳远"动作离开固定位置时，髋部会被左腿的蹬伸动作向前"推动"。

（3）手臂应该呈T字形伸展，大致与投掷方向平行。左臂应向前伸展，右臂完全向后伸展，标枪应该在右脚落地瞬间与手臂/肩膀平行。

（4）右膝下压时，踮起右脚，抬起并旋转右脚跟，使右脚趾屈至脚趾触地。同时，将朝着投掷方向伸展的左肘"流动"到左肩下方的左侧。

（5）身体左侧应朝向投掷的方向。左脚跟到左肩形成一条直线，身体向后倾斜10°～20°，短暂地等待左脚落地。

（6）由于使用了软步，投掷者的身体重量完全从右腿移到左腿上，之后用左腿进行支撑；左侧向前拉动身体进入投掷阶段。

（7）左脚触地时，从支撑动作开始将能量转移到标枪上。投掷者需要努力使重心转移/支撑/牵张反射成为一个自然的动作。左侧应作为牢固的支点，帮助右侧加速转动并向上移动。

（8）左腿的稳固支撑会使投掷者原本无控制的右髋往前甩，然后突然制动，这个动作会同时拉动胸腔部位。当肋骨固定在髋部上方时，投掷者的胸部/肩膀被拉动超过臀部和腹部。

（9）自然伸展右臂，并向前方拉动肩膀。

（10）当投掷者开始向前移动肩部时，将右肘向外并向上旋转，做一个类似网球发球的击打动作。将肘部拉至肩膀上方，同时带动手和标枪，然后向前伸展肘部。当投掷者将标枪掷出到空中时，最后一部分爆发力会随着这个动作施加到标枪上。

（11）投掷者的身体在标枪出手后继续加速，此时投掷者右侧的整个动作都是加速的，并且与左侧稳固的支撑相对抗，最后以动态的"追赶"动作结束。

从生物力学的角度来讲，身体各部分依次移动然后稳定下来，这一点非常重要。前一部分必须是下一部分加速的基础，就像稳定的左侧是右侧运动的固定点一样。如果前一部分持续移动，则下一个部分将无法发挥出其全部潜在加速度。每一个连续部分的移动都应比前一个部分更快，然后在下一个部分加速时稳定，作为其加速的固定点。标枪出手后，手会达到最大速度，因为它不再有阻力。良好投掷的生物力学速度曲线图显示，身体各部位的速度轨迹平滑且速度递增，随后突然停止，速度在停止动作之前会达到峰值。以这样的方式进行投掷，会感觉很轻松，所以这就是简单的远距离投掷方法。它对身体的压力很小，造成伤害的可能性也很低。学会运用上述链式反应并不容易，但它是同时使投掷者拥有远距离投掷和不伤害其职业生涯的最佳方式。

在技术训练方面，学生必须大量练习右腿的软步或深屈膝动作，以便能自然运用投掷技术。由于此动作是重心移动的基础，因此必须用若干步（五步以上）来执行和练习，以增加动量。学生必须学会如何快速平稳地转移身体重心，这不是一项通过静态（站立）练习或投掷就能掌握的技能。练习的强度可能会因练习进度的不同而产生很大差异，但在练习投掷交叉步之前，学生必须掌握该技巧，以进一步掌握软步、重心转移技巧，从而形成良好的发力姿势和最大的牵张反射能力。右腿着地时，在不失去任何水平动量的情况下，左侧放松的对抗动作会产生牵张反射，从而形成最佳发力姿势。

二、技术训练

在身体能力方面，标枪投掷者的训练必须注重三个方面：技术、柔韧性和爆发力。本节将介绍训练技术的方法，后续章节将介绍提高柔韧性和爆发力的方法。这三个部分都非常重要，可根据学生的实际情况和能力决定训练的重点。例如，体能较差但技术能力强的投掷者，可在保持良好投掷动作的同时做提升爆发力的练习。

训练中一个容易被忽视但又极其重要的部分是提高特定和综合的柔韧性。标枪的重量轻，通常投掷者应在最后阶段用力，动作幅度很大，这些因素会被忽略。20世纪60年代，著名的匈牙利投掷运动员盖尔盖伊·库尔恰尔（Gergely Kulcsar）曾说过："力量小往往是一种优势。"这句话的意思是，运动员必须学习良好的技术以投掷出更远的距离。前世界纪录保持者阿尔·坎特略（Al Cantello）也曾反问："抛掷800克重的东西，运动员需要多强壮？"

提升运动技能，以及练习交叉步和发力的时间，需要做大量低强度的投掷练习；它们必须连贯地结合在一起，才能获得最佳效果。大部分投掷练习需要从投掷步模式开始，学习如何将助跑和交叉步的动量传递到标枪投掷的动作中。

对标枪飞行距离影响最大的两个技术概念如下。

（1）出手速度。

（2）将重心加速移动到支撑点的路径。

学生应该将大部分提升技术的时间都花在这些关键点上。出手速度的训练包含多个方面，技术、柔韧性和爆发力训练都有助于提高出手速度。针对加速移动重心的大部分训练都属于技术训练，技术训练还有一种作用是可以提高学生的爆发力/出手速度。在不损失动量的前提下，将重心转移到支撑点很难控制，而一旦做到这一点，就有可能产生相当快的出手速度。在使用训力台针对精英标枪学生所进行的测试中，右腿活动度读数较低（使用软步，未对训力台施力）的学生，与显示右腿"施力"读数较高的学生相比，其具备更快的出手速度和更远的投掷距离。右腿着地时，在不损失任何水平动量的情况下，左侧放松的对抗动作会产生牵张反射，从而形成最佳发力姿势。必须培养学生在身体不紧张的情况下做对抗动作的能力，特别是肩膀和手臂。任何肌肉紧张都会降低学生进行有效伸展的能力，也会影响学生加快出手速度的姿势。完美投掷的开始动作是右脚和左脚几乎同时着地，并且在左脚着地时，右手处于身体后方尽可能远的位置。

可使用各种器械的不同练习和重量来训练投掷技术的各个环节。例如，用重型药球（3~4千克）和超重标枪（超过标准重量200~400克）学习加速移动重物时髋部和腿部的动作，而较轻的器械（常规和轻型）则用于训练较快的投掷动作，如肩膀和手臂的鞭打动作。在规划技术训练时，一个有用的思路是，考虑在助跑和交叉步的过程中产生动量，然后将这些动量在稳定支撑和发力阶段转移到标枪上。从助跑开始到标枪出手，投掷者和标枪始终要保持同步的整体动作。

（一）药球、重球和标枪投掷

先练习原地双手投掷药球（2~4千克），然后加上少量投掷步，这样可以锻炼重心的移动，以及掌握如何将力量从髋部转移到肩膀和手臂。通常，投掷者应该在训练的早期使用较重的物体，当投掷者开始精细化改进技术和提高速度时，再逐渐减轻物体的重量。较重的器械会产生较强的对抗力，让投掷者在投掷时感觉姿势更加轻松。这些姿势都不好掌握，因此投掷者需要了解自己在做各种姿势时的感受，以及需要怎样调整。投掷者必须花时间让自己"不舒服"，这样才有助于提升身体感知能力。

药球投掷练习之后，是单臂掷球或掷重型标枪练习（800~1000

克），同样从原地投掷开始，配合少量投掷步模拟真实的投掷。在做这些练习时，要注意发挥出最好的技术。因为练习时形成的动作模式是正确技术使用的基础。在所有这些练习中，力量都是由大肌群产生的，之后再向上转移到肩膀/手臂。

（二）原地投掷药球

要获得最佳练习效果，请保持手臂延长。也就是说，不要过度屈肘。但在投掷前，应该屈曲膝关节，使身体形成一个尽可能大的弓形。

（三）挥臂投掷药球

在挥臂投掷药球动作中，用手臂做一个大幅度的画圈动作，并将髋部移动到球的前侧，投球时要先转动后脚。

（四）上三步投掷药球

在上三步投掷药球动作中，尽量在最后的投掷步快速完成右脚—左脚落地的动作，并保持髋部朝前，向投掷方向移动。

（五）单臂投掷

由于标枪投掷者的最佳练习是投掷，所以技术练习具有提高投掷技术以及优化运动技术的特点。标枪和重球等超重器械（比标准重量重100~400克）有利于学生提高投掷能力，体会"鞭打"动作在身体各环节的传递节奏，以及提高特定部位的柔韧性。这些练习可以从原地投掷开始，也可以配合投掷步或助跑进行。在冬季训练中，除了标枪外，建议采用将器械扔到网里或墙上的练习，着重于掌握动作模式而不必考虑投掷的距离——学习正确的投掷感觉。标枪练习的目的主要是确保在出手过程中发力的正确顺序和时机。

（六）上三步投掷标枪

该练习的重点是保持髋部水平移动，并在稳定支撑前主动转动后脚。

1.助跑和交叉步练习

教学生掌握如何到达发力位置的练习——助跑和交叉步——同样重要。从一些步骤开始投掷标枪是学习这一动作的方法之一，持枪重复练习助跑和交叉步才能使学生适应整个动作。在所有的助跑和交叉步练习中，重点都是将重心沿水平方向线路移动。学生主要体会靠大腿和臀部发力，而不是脚趾和脚踝；想象跑步时膝关节屈曲，用大腿运动带动髋部的动作。助跑练习不同于冲刺练习，腿部动作会使投掷者的上肢和躯干被甩在后面，因此在做这些练习时要防止身体前倾。标枪投掷者需要花大量时间做这类训练和投掷练习，其目的是训练专项爆发力，巩固投掷技术。用在这项训练上的时间应该是其他训练的2倍。

跑道训练有助于改善过渡和交叉步的姿势，让学生更好地投掷标枪。学生应通过相应的针对性练习纠正在上述投掷阶段中遇到的错误，然后着重练习过渡和整个投掷阶段的动作，并将所有动作连贯起来。重复练习助跑和引枪，再配合连续的交叉步，是提升投掷者在上述环节的能力的最佳方法。在交叉步训练中，常用针对特定动作的训练，如左腿蹬伸/右膝移动以及双腿伸展训练。

2.模拟练习

模拟练习可以模拟投掷的某些部分，有助于培养学生的专项柔韧性。使用弹力带、绳子、滑轮、斧头或锤子练习挥臂，或者由搭档配合进行锻炼，都非常有助于提升学生投掷的专项能力。这些练习真实模拟了投掷运动中力量从地面开始传递到标枪的过程。以腿部动作开始，将身体扭转到练习所需的位置，最后以肩膀/手臂的鞭打动作结束。通过牵拉绳子或弹力带来模拟投掷位置，在投掷动作中挥动杠铃片，在过头动作中挥动锤子或斧头，这些都是非常有用的练习。

3.牵拉弹力带

先压低右膝，然后翻动肩关节，使其位于髋部上方。这个动作有助于将身体重量平稳地转移到支撑腿（左腿）侧。

4.负重杠铃片满弓

当学生通过压低/屈曲右膝将髋部转移到左腿稳定支撑时，沿大幅度的弧线挥动负重。在这个练习中，不要模拟发力动作或手臂鞭打动作。

5.挥动斧头

像挥动杠铃片一样，画一条大幅度的弧线，然后像牵拉弹力带一样翻肩。在稳定支撑的左脚上方做鞭打动作。

6.心理意象

笔者喜欢用"心理意象"这个词来描述投掷的心理活动。技术训练必须专注于培养学生特定的投掷技术。虽然所有的标枪投掷者都做相同的动作（助跑、过渡、发力以及后续的缓冲），但他们在做这些动作时看起来不一样。所有的投掷者都有自己独特的风格，并且这种风格会随着他们专注于最适合自己的技术而不断完善。

观看自己的投掷视频或录像非常有助于学生自己纠正错误，投掷视频或录像可以为学生提供动作风格的影像。学生可以根据这些影像，想象完美的投掷技术应该是怎样的。这样，学生在家里就可以进行无数次投掷练习。这种方法经常被忽视，但相当有用。学生了解要在训练中做什么会使训练变得更加容易。然而，这种方法比听起来要困难许多。要在一段较长时间内（15～30分钟）完全专注于脑海中的画面，需要勤加练习。

三、柔韧性训练

良好的柔韧性可以使投掷者以更大的运动范围拉动标枪，从而增加投掷距离。模仿投掷姿势以锻炼特定部位的柔韧性，能够使投掷者在较大程度上改进投掷技术。学生还需要提高与投掷动作相关的身体各部位的柔韧性。更大的关节活动范围是获得良好效果的必要条件。

（一）投掷模拟练习

较好的训练方法之一是使用弹力带、绳子、标枪或滑轮进行投掷模拟练习，以对抗投掷手臂/肩膀，同时将髋部伸展至呈稳定支撑姿势。练习时从腿部开始，下半身主动向前移动，尝试使支撑脚与投掷手之间保持尽可能远的距离。除了"技术训练"部分列出的模拟练习之外，本节还介绍了掷标枪的拉伸动作。部分练习可以与搭档配合进行，搭档可以帮助投掷者保持正确的姿势，并有控制地加大拉伸程度。

1.髋、肩伸展弓步蹲

压低或弯曲右膝，使髋部保持伸展并呈稳定支撑姿势，使用标枪保持肩膀翻起，身体呈满弓向后。

2.双人背面拉伸

在此练习中，由搭档握住投掷者的两只手腕，身体前倾，并通过向后顶投掷者的下背部来进行拉伸。

3.双人单臂拉伸

这个拉伸动作需要投掷者屈膝跪地以保持髋部稳定。搭档将投掷者的右肩向后拉时，投掷者的左肩应保持稳定。

（二） 专项柔韧性练习

特定的专项柔韧性练习是为了扩大投掷过程中相关身体部位的活动范围。要特别注意肘部、肩部、腰部、脚踝和腹股沟，这些部位是投掷过程中承受压力较大的部位。搭档配合练习也是柔韧性训练的重要组成部分，可以模拟发力过程中出现的极限姿势。除了前面列出的练习，本节还介绍了伸展肘部、胸部和肩部（与搭档配合）以及髋部和背部的练习。

四、爆发力训练

与柔韧性训练一样，爆发力训练是决定投掷距离的重要因素。它可以分为专项爆发力、基础爆发力和全身爆发力三类。每类爆发力的训练量由训练目的决定。专项爆发力训练可以有效提高技术训练的效果。基础爆发力训练很容易被标枪投掷者接受并可能过度训练，这种情况通常会造成投掷者使用高于其技术所需的爆发力，导致受伤。

（一） 专项爆发力

专项爆发力训练是通过投掷重物来模仿投掷动作的练习。在前文"技术训练"中介绍了投掷超重器械的练习，使用阻力来做投掷练习非常适合纠正错误动作和巩固技术动作。使用滑轮、弹力带或斧子/锤子进行挥臂练习也可以很好地提升专项爆发力。专项爆发力还可以通过模拟投掷技术动作来提升，这些都有助于增加投掷距离。使用杠铃片和杠铃进行的过头拉举练习和转体练习以及翻举和抓举，都能直接提高专项爆发力，从而提高投掷能力。标枪的训练还应该包括爆发式跳跃，如跨栏跳、弹跳、跳深、立定跳远和三连跳。在这些跳跃练习中，学生应该尽量模拟掷标枪本身的节奏，即脚短暂地接触地面，但对地面要施以很大的作用力。"赤脚踩热炭"形象地描述了学生要做的跳跃动作。训练的目的是把标枪投掷得更远，因此教师在制订训练方案时，要时刻提醒自己：计划中的练习会不会帮助学生把标枪投掷得更远？

（二）基础爆发力

基础爆发力可通过力量训练来提高，力量训练又分为爆发式力量训练、奥运式举重和辅助举重。爆发式力量训练包括传统力量训练——深蹲、卧推、硬推、过头拉举、硬拉、高位下拉或划船，以及负重提拉、挺举、弓步蹲和负重登台阶。投掷距离通常会随着学生能够完成抓举和翻举的次数而增加。辅助力量训练是专门为标枪投掷者设计的，对于加强投掷过程中的薄弱环节非常重要。常用的方法是用单手或双手挥杠铃片、站立屈髋抓举和站立向后全幅度抓举。力量训练的内容差别可能很大，学生可以把不同的力量训练练习内容组合在一起。

（三）全身爆发力

全身爆发力训练有助于学生提高应用专项爆发力和基础爆发力的能力。这类训练包含一系列爆发式的全身动作，包括跳跃、障碍跳、投球和重物投掷、短跑和体操。开始时可以进行一些体育项目比赛，如篮球，需要系统安排更多的全身爆发力训练。跨栏跳跃、冲刺、交叉步上坡、自由体操、吊环和高单杠动作以及多方向投球，都能有效提高学生的全身爆发力，并有利于其保持节奏——按用力顺序向标枪方向发力的能力。此类训练还可以强化"放松加速"能力，使学生在保持弹性势能的同时快速加速。

第四节　链球

链球是田径比赛中十分激烈、复杂的项目之一。它的起源可追溯到16世纪爱尔兰和苏格兰的一场比赛。在19世纪早期到中期，投掷"大锤"是苏格兰运动会的一项常规比赛。学生最早投掷的是重达9~15磅（4~7千克）的木柄工具锤。到了19世纪晚期，苏格兰投掷运动员开始使用16磅和22磅（7千克和10千克）重的铁锤进行原地投掷。唐纳德·迪尼（Donald Dinnie）被公认为当时最伟大的投掷者，他发明的抡摆动作能使链球在被掷出之前产生更大的速度。今天，在苏格兰高地运动会上，仍然可以看到投掷锤子这种传统的比赛形式，参赛者使用的投掷工具是一个圆形的大锤。

链球于 1904 年被列入奥运会比赛，但当时只有男子项目。整个 20 世纪 20 年代，约翰·弗拉纳根（John Flanagan），马特·麦格拉斯（Matt McGrath）和帕特·雷恩（Pat Ryan）包揽了奥运会比赛的全部奖牌。20 世纪 30 年代和 40 年代，没有国家能够在该项目占据主导地位，世界纪录的更新十分缓慢，徘徊在 58 米到 59 米的范围内。20 世纪 50 年代和 60 年代初期，随着链球投掷技术和训练的突破，苏联的米哈伊尔·克里沃诺索夫（Mikhail Krivonosov）、美国的哈罗德·康诺利（Harold Connolly）和匈牙利的久洛·兹沃茨基（Gyula Zsivotzky）打破了 73 米的原世界纪录。

20 世纪 60 年代末，苏联在链球项目上处于领先地位。从阿纳托利·邦达尔丘克（Anatoly Bondarchuk）在 1972 年奥运会上获得金牌开始，此后的 1972 年至 1992 年期间，俄罗斯链球运动员包揽了奥运会和世锦赛上几乎四分之三的奖牌。后来，邦达尔丘克开始担任教练员，培养的运动员包括尤里·谢德赫（Iouri Sedykh）。谢德赫于 1986 年掷出了 86.74 米的惊人成绩。谢德赫与谢尔盖·利特维诺夫（Sergey Litvinov）、朱里·塔姆（Juri Tamm）和伊戈尔·尼库林（Igor Nikulin）等伟大的苏联运动员已成为现代掷链球运动的典范。2000 年，女子链球比赛被正式列为奥运会比赛项目。17 岁的波兰选手卡米拉·斯克利莫夫斯卡（Kamila Skolimowska）凭借 71.16 米的成绩赢得了该项目的第一枚奥运金牌。

一、技　术

本节的所有描述只针对惯用右手投掷者，左手作为手套手。根据投掷圈的角度来区分投掷圈的不同部分，其中 0° 是投掷圈的后部，180° 是投掷圈的前部。

（一）握　柄

正确的握柄和平稳、有节奏的抡摆是建立良好投掷节奏和速度的关键。做完整的投掷动作之前，必须熟悉这两项技术的要素。正确的握柄方法是，先用手套手将链球的柄环置于第二掌骨处。然后将右手手指扣握在左手手指上，使两个手掌叠加在一起。一些投掷者仅使用手套手的三根手指抓握柄环，目的是增加链球摆动的半径。

（二）预摆

预摆是抢摆之前的动作，它有很多种方式。最重要的是，当从预摆过渡到抢摆时，要保持身体平衡且姿势可控。开始预摆的简单方法是双手握持链球，保持手柄在腰部以上，球体在身体前方自然下垂。从该位置开始，投掷者可以在下方来回摆动球体两次，然后把球从身体（朝0°方向）直线甩出，再回到自己的右侧（210°方向），然后沿逆时针方向（向左）拉球，开始第一次抢摆。它可以在抢摆开始时使链球产生有控制的加速度，有节奏的摆动也有助于在后续动作中建立抢摆和旋转节奏。

这个开始动作的进阶版是先用左臂在两腿之间摆动球体一次，然后再将链球笔直地甩开身体（朝0°）并向右绕回（朝210°），将球向后上方摆时，在链球开始前移进入第一次抢摆之前，将右手握在柄环上。

（三）静态起始动作

投掷者可以采用更直接的方法做抢摆起始动作，方法是将链球放在右侧的投掷圈区域。从该位置向前（向0°方向）摆动链球，进入第一次抢摆。这种静态的抢摆起始动作在很大限度上消除了动态起始动作的节奏性摆动，让投掷者可以在不做预摆的情况下进行抢摆。虽然静态起始动作似乎是二者当中更为简单的一种，但需要注意，这种起始动作容易造成手臂和肩膀成为主要发力点。出现这种错误的原因是，静态动作需要链球突然加速以开始第一次抢摆。这种快速加速具有欺骗性，感觉会比较容易，因为它主要由上半身完成。但是，要想最大限度地增加投掷距离，学生必须确保将臀部和腿部作为抢摆动作和整个投掷过程中的主要发力部位。

（四）摆起始动作

1.抢摆

正确的抢摆以及进入动作是成功投掷的关键。投掷者在进入第一圈旋转之前一般会完成两周抢摆。但我们发现，成功的世界级投掷运动员［例如1997年的世界冠军海因茨·魏斯（Heinz Weis）和1999年的世界冠军卡尔斯坚·克布斯（Karsten Kobs）］抢摆不止两周。从抢摆过渡到第一圈旋转时，在控制住链球的同时，保持身体舒适和平衡的姿势非常重要。有人可能会说，运动员应该使用必需的抡摆周数来使自己感到舒适和平衡。但要记住，抡摆的周数越多，抡摆动作和进入动作就会越复杂。因此，绝大多数投掷者只进行两周抡摆。

2.抡摆动作

动态和静态抡摆的起始动作都可以通过踏步来完成，这个动作发生在进入动作前最后一周抡摆的开始阶段。使用踏步的方式做开始动作时，投掷者的右脚从投掷圈边缘移回原位。右脚在投掷圈边缘的位移距离为10~45厘米。在该位置，投掷者可以用静态或更高级的动态起始动作开始抡摆。在第一周抡摆结束时，由于链球即将移动到投掷者的前方，因此投掷者需要将右脚前移到投掷圈的边缘，使其与左脚平行。抡摆时，左右脚（支撑基础）之间的距离应略大于肩宽（70~80厘米）。双腿应保持四分之一蹲姿，这样在抡摆过程中躯干可以更好地移动。

抡摆时，球体会在投掷者的周围沿轨迹移动。抡摆动作中，球体的轨迹平面会因投掷者而异，但它与地面的相对角度一般为37°~40°。抡摆过程中，投掷者应该用髋部轴线带动肩部轴线旋转，以便用身体抡摆，而不是用手臂抡摆。如果做得正确，投掷者将转动躯干至胸部面向300°方向，而链球向后移回至180°方向。当球沿其轨迹向0°移动时，投掷者的胸部将转回面向0°。

3.抡摆节奏

抡摆时的步伐通常是突然加速或逐渐加速。在使用预摆让链球获得动量后，第一周抡摆被用于建立适当的轨迹和平面。第一周抡摆的轨迹平面相对平坦，投掷者步伐放松，不做任何突然发力的动作。第二周抡摆用于进一步建立所需的轨迹平面，加速链球的移动，为进入动作做准备。进入第一圈旋转时，链球的大部分速度都是由先前的抡摆产生的。

建立良好的抡摆节奏至关重要。如果在第一周抡摆时的球速太高，就需要在第二周抡摆时收紧身体以控制链球。相反，如果在第一周抡摆后链球移动速度太慢，可能需要在第二周抡摆时用力提高链球速度，这将再次导致身体紧绷，从而导致投掷者在进入动作中无法正确对准链球。在抡摆节奏中，发生这两种错误都会对链球的轨迹平面产生不良影响。

4.进入动作

从抡摆到第一圈旋转的过渡应该是平稳的。当链球完成最后一周抡摆并移动到投掷者的前方（0°）时，投掷者需要开始脚的位移。链球处于身体的正前方，又被称为投掷者与链球对齐。对齐对于后续的旋转动作至关重要。如果在链球对齐之前就开始旋转，会出现用左肩把链球拖拽进入第一圈旋转的情况，这是一种非常严重的技术错误。当链球从0度移动到90°时，要保持双脚在地面上一同旋转（无论是脚跟旋转还是脚尖旋转），直至链球转动到70°~90°。此时抬起右脚，开始第一个单腿支撑阶段。

当进入第一圈旋转时，链球的轨迹平面应该比抡摆过程中的轨迹平面平坦得多。脚尖旋转时的轨迹平面通常比脚跟旋转时平坦。通常，脚尖旋转（四圈旋转）的倾斜角度在进入时约为15°，而脚跟旋转（三圈或四圈）在进入时的轨迹平面倾斜角更接近20°。进入第一圈旋转时，轨迹的最低点应在0°左右。

最低点位置的差异与个人技术相关。常见的方法是将最低点设置在0°位置（在右脚和左脚之间），而优秀投掷者则倾向于将最低点设置在0°稍微偏左的位置（在左脚前方）。这种变化形式通常适用于速度较快的投掷者，他们能够跟得上链球的速度，并且在旋转时不会让链球从他们身旁脱离。速度较慢的投掷者可能喜欢将低点设置在0°稍微偏右的位置（在右脚前方），以方便做接下来的旋转动作并在270°左右接住链球。在20世纪50年代到70年代，以右脚前方为最低点开始第一圈旋转非常普遍。将最低点靠右设置会让投掷者拖动链球，无法使链球的加速度达到现代链球技术达到的速度。

5.第一圈旋转

第一圈旋转可以是脚跟旋转，也可以是脚尖旋转。脚尖旋转通常用于四圈旋转投掷的第一圈，因为它可以更平稳地过渡到接下来三圈的脚跟旋转，并且它减少了脚跟/脚尖旋转引起的绕圈移动。脚尖旋转时，链球的运动轨迹通常更平坦（与脚跟旋转相比），并且其移动速度通常不会像三圈旋转投掷的第一圈那么快。在四圈旋转投掷时，也可以使用脚跟旋转作为第一圈旋转。但是，脚跟旋转一般只适用于三圈或更少圈数的旋转投掷开始动作。脚跟旋转会比脚尖旋转产生更大的链球加速度，相比脚尖，脚跟能够更有力地对抗链球。

6.第一圈旋转的正确步法

不论是脚跟旋转还是脚尖旋转，都要等链球到达0°并且与投掷者的脚对齐之后，再开始转动脚。链球移动到90°时，投掷者的脚也要随着链球的移动而旋转。旋转时，左脚应朝向链球的方向。

旋转脚尖的投掷者应以左脚前脚掌为轴，保持脚尖朝向链球旋转的方向。旋转脚跟时，应在旋转左脚跟的同时保持左脚前脚掌指向链球。

当链球接近90°时抬起右脚，开始旋转的单腿支撑阶段。此时，脚尖和脚跟旋转的机制非常相似。当链球绕着投掷者旋转180°时，投掷者应在使用左脚前脚掌外侧进行旋转的同时将右腿靠近左腿。

在第一圈旋转的单腿支撑阶段，投掷者的左脚将旋转180°左右（从接近90°到270°），然后右脚落地开始接下来的双腿支撑阶段。

第一个单腿支撑阶段结束时，将右脚落在投掷圈内210°～270°之间的位置，在左腿的辅助下使右脚落地。在第一个单腿支撑阶段中，将右腿以左腿为轴进行旋转时，左腿保持很大的屈曲程度。在此阶段，左腿的屈曲会使身体的大部分重量都压在这条腿上，这是链球所产生的离心力带来的自然反应。

弯曲双腿可以使重心保持在较低的位置以提高身体的平衡性和稳定性，有助于对抗链球将投掷者带出投掷圈的倾向。回到双腿支撑后，投掷者的重心应位于两腿之间，右脚可能会承受稍多的重量。从这个位置开始，准备进入第二圈旋转时，将双脚的前脚掌移向0°。

7.三圈旋转与四圈旋转

选择使用三圈旋转还是四圈旋转，需要经过仔细的判断和实践。对于力量较小的投掷者，四圈旋转技术可能更为有利，因为它包含一圈可用于链球加速的旋转。如果投掷者在前两圈的旋转中链球速度提升较慢，多旋转一圈可能会对提高旋转速度更有帮助。三圈旋转时，链球的移动距离显然不及四圈旋转，但这两种方法均可以达到同样的投掷距离。考虑使用哪种技术的关键是，如何通过必要的控制（出手角度的一致性和在投掷圈中的稳定能力）来实现最大的出手速度。

判断哪种技术更有效时，能够有效控制链球和身体是最重要的考虑因素。出于这个原因，笔者建议投掷者仅在使用四圈旋转能够比三圈旋转实现更好成绩的情况下，才使用四圈旋转投掷。显然，这需要一定的时间和练习来验证。在经验丰富的链球投掷者中，三圈旋转是实现最大投掷距离的最小圈数。由于三到四圈是最终的旋转目标，因此新手可以采用一到两圈旋转进行投掷。建议从一圈或两圈开始，慢慢增加到三圈，不建议先从四圈开始，因为可能会由于难以控制身体平衡和节奏而减少到三圈。

8.旋转的节奏与动作

在掷链球过程中，链球的速度提高并不固定；相反，它在每圈旋转过程中会经过一系列的加速和减速。从投掷开始动作到链球出手，链球的运动距离可超过30米。在此过程中，有很多时间来提高出手速度。链球的加速发生在双腿支撑阶段（双脚触地），而单腿支撑阶段则通常会产生一定程度的减速。

可以通过以下方式最大限度地发挥双腿支撑阶段和最大限度地减少单腿支撑阶段。

（1）在每圈旋转过程中，逐渐增加双腿支撑阶段的时间（相对于单腿支撑阶段）。

（2）有效降低在单腿支撑阶段发生的动作减速。

进入第一圈旋转后，链球在第二次抢摆结束时经过最低点，此时旋转动作开始。第二圈、第三圈甚至可能是第四圈旋转的动作与第一圈相似，但出于链球的加速度，需进行以下技术调整。

每圈连续的旋转都是先抬起右脚。在第一圈旋转中，当链球到达大约90°时抬右脚，之后的几圈旋转要在链球到达70°~80°的位置时抬右脚。在每圈连续的旋转中，落地进行双腿支撑时，重心要均匀地放在双腿之间，不要偏向右侧。链球运行的倾斜度会逐圈加大，并且每转一圈，最低点都会向左稍微偏移一点。四圈投掷者在第一圈时以大约15°开始，最后以链球达到42°~44°的理想出手角度结束。三圈旋转投掷者的起始轨迹倾斜度较大（大约为20°），因为将轨迹调整至理想出手角度（42°~44°）所进行的旋转圈数比较少。

将双腿支撑阶段的支撑基础逐圈缩小，这将有助于逐圈缩短单腿支撑阶段的持续时间，将总投掷时间更多地分配给双脚触地的阶段。更长的双腿支撑时间会为链球加速提供更多时间。

当投掷者进入双腿支撑阶段时，链球的加速度会带动投掷者的肩轴，使其在前平面上与投掷者的髋轴/脚轴对齐。在整个投掷过程中，应始终保持肩轴与链球的链条之间成90°。

第一个单腿支撑阶段结束后，落地进入双腿支撑时，肩轴应位于髋轴或脚轴后侧。最佳的髋轴和肩轴之间角度可以达到50°。完成双腿支撑阶段后，使肩轴和髋轴处于冠状面（一个身体平面）上，然后进入下一个单腿支撑阶段。在双腿支撑阶段，手臂、肩膀和躯干应相对有力地对抗链球，使其加速，髋部虽然仍在旋转，但倾向于减速，并为躯干提供力量以与链球进行对抗。在下一个单腿支撑阶段开始之前，如果髋轴和肩轴之间角度不正确，就会出现先前所讨论的拖拽链球的情况，并会失去链球最大化加速度所需的"等腰三角形"。

9.发力

当右腿在双腿支撑阶段落地时，身体必须处于平衡状态，且躯干几乎完全垂直于地面，进入准备发力和出手阶段。当链球经过0°位置时，用力蹬伸双腿，继续完成出手动作。尽可能加快链球的速度，然后出手。这个动作通常是在链球向上移动到肩部与躯干接近90°时完成的。发力和出手阶段不应包含任何再次发力的激进动作，该阶段的动作应被视为平稳加速的延续部分，与先前的旋转动作连贯起来。

二、技术训练

技术训练是学生完善技术不可或缺的一部分，它具有多个作用。技术训练可以在训练期间作为分解和针对性地提高某些技术环节的训练，也可以作为热身活动，用于完整投掷动作训练的准备阶段。在准备期的初期，训练通常由投掷练习组成。技术训练可以使学生学会正确的投掷节奏与姿势；教师掌握的训练方法越多，其效率就越高。

（一）单手抡摆练习

学习抡摆动作时，先从单手抡摆练习开始，可以使用右手或左手来完成这项练习。此类练习能够有效地帮助新手找到把手臂当作链条的延伸部分的感觉。做这项练习时,投掷者很难用肌肉控制链球,因为这项练习只能用单臂完成。开始时,投掷者可以像前面描述的那样以静态或动态的方式开始抢摆动作,接着以稳定且均匀的速度执行5~10次抢摆。

练习右臂抢摆时,要注意以下事项。

(1)右臂伸直,向后抢摆动作结束时,于270°位置接住链球。

(2)抢摆过程中,将链球轨迹的最低点控制在同一个位置上。练习左臂抢摆时,要注意以下事项。

(3)链球向后抢摆过头时,左臂弯曲呈90°。

(4)向后抢摆动作结束后,当投掷者开始把链球从270°移向0°时,使左肘靠近左髋。

当学生熟悉了两侧单臂投掷之后,可以开始只用手套手(左手)做几次链球抢摆,然后将另一只手也握在柄环上,开始常规的双臂抢摆。在此动作过程中,运动员可以先用单臂建立起放松的抢摆节奏,然后用双臂完成该节奏。

(二)抢摆和出手练习

掌握抢摆动作后,接下来进行抢摆和出手练习。背对投掷方向,准备进行抢摆投掷。在旋转链球和出手前,做两到三次抢摆。最后发力时,以双脚的前脚掌作为支点,这样会使学生在出手过程中更好地保持身体平衡,也可以让学生使用链条较短的轻型链球,只用左臂或右臂进行这个练习。

(三)迈步转身练习

这项练习训练的是学生在多圈旋转移动中对齐或对抗链球产生的离心力的能力。握住链球的同时,用前脚掌开始做原地旋转(用右手投掷时进行逆时针旋转)。试着用小步子以越来越快的速度旋转,保持双脚靠近。随着旋转速度的增加,链球会产生更大的离心力。学生通过向后坐和放松手臂控制链球的牵引力,学习如何在链球旋转时保持正确的姿势。

(四)单圈旋转和出手练习

当学生掌握正确的步法,并且能够正确完成抢摆和出手动作时,就可以将这两个技术环节结合起来，进行单圈旋转投掷。单圈旋转投掷的重点是，保持链球处在正确的轨迹上（最低点在0°附近，最高点在180°附近），把进入动作、旋转动作和出手动作连贯起来，不考虑多圈旋转中一系列复杂的因素。学生可以使用链条较短的重型链球做这项练习，以确保在投掷过程中更好地控制链球的同时，训练双脚的移动。

（五）双链球180°踏步练习

双手各握一个链球，以小而紧凑的步子进行原地旋转。当投掷者以适当的速度旋转时，抬起右脚，将右脚迈至左脚前方，其落地方向与之前的落地方向相反；然后立即开始原地旋转，重复此步法练习。此练习的目的是帮助初学者掌握单腿支撑阶段右脚的节奏，不考虑完整的步法时间和技术的复杂性。

（六）双链球多圈旋转练习

双手各握一个链球，以小而紧凑的步子开始原地旋转。当投掷者以适宜的速度旋转，对准0°方向时，开始使用链球步法完成一系列旋转动作。这是训练步法的好方法，因为在此过程中，投掷者无须考虑链球的运动轨迹。

（七）反握链球投掷或旋转练习

投掷者可以反握链球来进行一系列投掷或旋转练习，即投掷者把左手放在右手上（针对惯用右手投掷者）。这种握法能使投掷者更好地感受到"拖拽"是什么感觉，并且能让投掷者在最后发力时更耐心，因为与传统握法相比，用左肩发力将更难控制抓握。

（八）脚尖旋转练习

这是一项高级的平衡练习，可以使用一个或两个链球来完成。如果使用一个链球，学生可以用任意一种抡摆方式开始移动链球；如果使用两个链球，则可以通过原地旋转双脚开始移动链球。链球移动时，用右脚和左脚交替进行数次脚尖旋转。以平坦的轨迹同时加上稳定的速度进行这项练习，练习期间注意保持身体平衡，并体会人与链球作为一个整体的感觉。

（九）多圈旋转练习

学生可以连续练习2～15圈旋转（确保空间足够），学习投链球的步法和旋转节奏，也可以进行多圈旋转投掷（最多旋转6圈或7圈）。上述练习可以使用单手或双手来完成。多圈旋转练习有一种变式：学生用戴手套的手单手握住链球进行抡摆，并完成前2圈旋转；旋转2圈后，将右手放在柄环上，再加速旋转链球2～4圈，然后出手。

对于在前几圈旋转开始就拖拽链球的投掷者来说，这项练习很有帮助。若只用手套手开始旋转，当投掷者在前几圈对链球进行加速时，更能意识到自己是否处在链球的前方（拖拽链球）。投掷者用双手握住柄环之前，通过几次旋转进行加速，就不容易出现拖拽链球的现象。

（十）用扫帚或棍子做旋转练习

最初教初学者学习步法时，可使用扫帚或棍子代替链球。首先，将旋转分为三个不同的步骤。第一步，面朝0°方向，像握持链球一样笔直地握住扫帚。握扫帚的姿势不变，将左脚跟和右脚前脚掌旋转90°。第二步，抬起左脚前脚掌，同时抬起右脚，并迈过左脚。

完成这个动作后，学生将以左脚前脚掌为支点，右脚迈过左脚之后落地，脚尖指向210°方向。完成这一步后，旋转双脚，使身体再次朝向0°方向。当学生掌握了每个步骤以后，就可以将各个步骤结合，有控制且不停顿地完成连续的旋转动作。此外，还可以沿倾斜度更大的轨迹旋转扫帚或棍子，以感受在旋转过程中链球在各个位置的感觉。

（十一）单臂旋转练习

学生可以用单臂进行两次抡摆，使链球开始移动，然后做旋转动作，可以用右臂或左臂完成。开始旋转时，轨迹应该相对平坦；学生应该专注于控制链球，保持平稳的步法。当学生适应用单臂做这项练习，并且没有拖拽链球的情况后，就可以进行多圈旋转练习（参见第147页）。

三、投掷训练

投掷不同重量的链球有助于学生掌握以特定的速度（轻型链球）或特定的力量（重型链球）进行投掷的方法。如何以及何时将不同重量的链球纳入训练方案，取决于学生的投掷风格以及处于训练周期的哪个阶段。一般而言，在训练的准备阶段，进行基础力量训练和专项力量训练时适合使用重型链球。在竞赛期进行速度训练时，则适合使用轻型链球。

重型链球可以训练特定的力量，大学生和非精英男投掷者使用的重量为 18~20 磅（8~9 千克），投掷者使用的重量为 10 磅和 11.2 磅（4.5~5 千克）。投掷者掌握了投掷不同重量链球相应的技术和时机后，链球训练之间的投掷差值大约为每千克 20 英尺（6 米）。如果在同一训练中连续投掷不同重量的链球，则可能无法立即得出此差值。

使用 3 千克和 3.6 千克的链球进行速度训练。如前所述，不同轻型链球之间的差值会随着重量的下降而增加。使用轻型链球无法达到相应差值的原因，通常是特定的链球速度不够高，可能需要通过调整训练方案来解决该问题。

另一种训练速度的方法是投掷链条较短的链球。男子投掷者可使用 18 磅、20 磅或 22 磅（8 千克、9 千克或 10 千克）的短链条链球，其长度为 31 英寸（79 厘米）至 3 英尺（1 米）。澳大利亚选手戴比·索西曼科（Debbie Sosimenko）的教练员劳里·巴克利（Lawrie Barclay）建议，女子运动员可使用链长 3 英尺（1 米）、重 12 磅（5.4 千克）的链球；或链长 31 英寸（79 厘米）、重 14 磅（6.35 千克）的链球，以及链长 30 英寸（76 厘米）、重 16 磅（7.26 千克）的链球。竞赛期也可使用链条稍短的标准链球来进行速度练习。

将轻型链球和重型链球结合到锻炼中的方法有很多。一个常被用到的好方法是，开始练习时使用较重的链球，疲劳时使用较轻的链球。不同重量链球的使用顺序取决于训练的重点，也取决于学生的力量、速度、学习能力和经验。以下是使用各种链球进行训练的一些方法示例。

（1）重型链球、标准链球和轻型链球。

（2）5 次重型链球和 1 次标准链球。

（3）10 次重型链球（9 千克）、10 次重型链球（8 千克）和 5 次标准链球（7.26 千克）。

（4）10 次轻型链球和 1 次标准链球。

（5）10 次轻型链球、10 次标准链球和 10 次重型链球。

（6）轻型链球、标准链球和重型链球。

四、体能训练

为获得更好的掷链球能力，可使用多种方法提高身体体能。针对掷链球的体能训练可以分为以下几个方面：冲刺训练、快速伸缩复合训练、专项力量训练和举重爆发力训练。

使用各种各样的练习来进行训练是很好的方法，这样学生的训练方案就不会变得乏味，同时也能确保学生全面发展运动能力。本节将介绍许多不同类型的练习。请确保将每一项练习做到位，从做一些简单的练习开始，适应之后再做进阶练习，太急于求成容易导致受伤和过度训练。注意练习难度不要超出学生的能力范围。

五、冲刺训练

提升速度和力量的跑步训练应在短时间内完成，重点放在快速爆发力和加速度上。此类训练包括20～50米（或码）的短距离冲刺，也包括阶梯短跑和斜坡短跑，以提供更多的阻力。100米（或码）的递增强度重复训练法也很有帮助。前20米（或码）以最大速度的30%跑，后80米（或码）开始逐渐提高速度，跑步结束时达到80%～90%的速度。

六、快速伸缩复合训练

跳跃是链球体能训练方案中非常重要的一部分。学生可以跳障碍物、跳台阶、跳箱子或者在平地跳跃。跳入沙坑（如单腿或双腿立定跳远或多连跳），即在最后一跳时跳进沙坑里，是很好的初级跳跃练习。在进行多次连续跳时，应将每次跳跃（若干阶段）的落地时间尽量缩短，以实现快速、弹簧般的跳跃。学生也可以原地多次纵跳。根据经验，以10次或更少次数为一组进行多次跳跃是有效的。连跳次数过多会导致最后几次跳跃的技术和质量下降，从而达不到练习的目的。

（一）跳台阶

跳台阶可用单腿，也可用双腿。当学生使用双腿跳台阶达到一定的效果后，可以进行单腿跳台阶。随着能力的提高，可逐渐增加双腿跳台阶的次数。单腿跳台阶同理，当学生能够熟练地完成规定的跳跃动作后，可逐渐增加次数。在跳台阶的时候，确保前脚掌着地，不要让脚跟接触地面。向上跳台阶也可以与向下跳台阶相结合。向下跳台阶是通过跳下一组（几级台阶为一组）台阶来完成的；每次跳完后用前脚掌着地，尽量轻盈地落地。向下跳台阶的动作会使腿部离心收缩，向上跳台阶动作则会使腿部肌肉同时发生向心和离心收缩。向上跳台阶时，要始终保持控制，避免疲劳和摔倒。

（二）障碍跳

障碍跳和跳箱是更高阶的跳跃练习。障碍跳是连续进行的。同样地，应用前脚掌跳跃，并且在每次跳跃时不要从腰部开始弯曲，这样会使投掷者在离地时无法充分伸展髋关节。刚开始做这项练习时，如果难以连续跳过障碍物，投掷者可以在每个障碍物之间增加一次小而有节奏的跳跃来保持平衡。当学生熟悉了某一高度的障碍跳之后，就可以把障碍物提升一个高度进行练习。学生还可以将障碍物设置成在一定范围内逐渐升高（例如，84厘米、84厘米、91厘米、91厘米、99厘米、99厘米）的模式。障碍跳应以5~8个为一组进行，避免连续跳跃次数过多。

（三）跳箱

跳箱练习可以有多种方式。有节奏的跳箱练习能够简单有效地训练腿部肌肉，这是一项初学者可以做的练习。跳箱包括前跳箱、侧跳箱和双腿跳箱，这些动作都要用相对较低的箱子完成，箱子高度为12~16英寸（30~41厘米）。学生也可以从地面爆发性地跳跃到较高的箱子上。跳箱的高度根据学生的身高和跳跃能力从24~48英寸（61~122厘米）不等。跳箱时尽量保持动作轻盈。

七、专项力量训练

成功投掷链球主要取决于特定练习的速度和力量。因此，使用多种不同类型的专项力量训练进行练习是很重要的。

（一）传统躯干练习

传统的仰卧起坐和转体变式（例如俄罗斯转体）可以与持杠铃转体

结合，有助于提高躯干整体能力。使用罗马椅、反向腿弯举垫或蝎形健身椅非常有效。与其他躯干练习一样，为了保持肌肉平衡，要进行相同数量的腹部和下背部练习以及相反方向的旋转练习。组合式练习（锻炼反侧的肌群）如下：仰卧起坐/罗马椅仰卧起坐、背肌弯曲训练/俯式俄罗斯转体、两侧斜向抬腿卷腹。除了这些可以锻炼核心力量的主要躯干练习外，还可以使用瑞士球、罗马椅或仅在地板上进行许多其他的腹部练习和变式练习。

（二）投掷药球和铅球

投掷药球和铅球的动作与前面描述的躯干练习非常相似，这些练习有助于扩大身体的动作范围，更贴近投掷幅度。

虽然传统的躯干力量练习（例如仰卧起坐和转体动作）可以使投掷者通过一定范围的动作锻炼肌群，但由于学生需要在一组动作中改变方向而使用固定的加速/减速模式，因此实际加速度是有限的。而掷球练习时，球会稳定地加速，直到被抛出，整个过程没有减速阶段，因此该类练习类似于实际的投掷。投掷者可以在低手位置或过头位置投掷不同重量的铅球，以提高身体整体协调性，强化发力时机。

（三）投掷短链球

除了投掷链球外，投掷短链球是具有针对性的训练方法。短链球可以在各个平面上投掷，其重量为 7 ~ 25 千克。短链球训练的发力方式与链球训练的方式相同，也就是说，短链球训练应该被视为一种投掷训练。重量选择取决于学生的力量和使用的短链球投掷技术类型。

最重的短链球适用于低手高抛，较轻的短链球适用于单臂投掷和过头投掷以及低手投掷。两侧单臂投掷的训练量应该相同。短链球投掷是非常重要的一种练习手段。

（四）杠铃片转体和杠铃转体

杠铃片转体和杠铃转体能够很好地训练到躯干肌肉。传统的举重练习难以有针对性地练到躯干部位，所以转体练习是训练这一部位的好方法，躯干是链球投掷者保持链球和身体高度配合的关键。杠铃片转体可以在多个不同的平面上以各种方式进行。杠铃片抢摆可以纳入训练范围。

各个方向的重复次数应该相同，以确保肌肉发展平衡，每组可以重复8~20次。杠铃片的重量取决于许多变量（投掷者的体形、练习的类型等），但通常在5~25千克。投掷者可以采用站姿或坐姿做杠铃转体，杠铃转体的组数和重复次数应与杠铃片转体相同。

（五）举重爆发力训练

针对掷链球的爆发力训练主要包括腿部和背部的训练。训练这些肌群的关键动作是翻举、抓举、前蹲、后蹲和蹲跳。锁握式抓举是传统式抓举的一种很好的变式，它可以使投掷者在抓举过头时产生更长的拉力。这种拉力与链球出手时的拉力极为相似。此外，还有一些辅助力量训练既能有效训练背部，又能训练腿部，是非常好的补充练习，它们也有助于弥补某些部位的特定弱点。例如，负重弓步蹲、负重登台阶、负重单腿深蹲、腿弯举、负重提髋和负重直腿跳等腿部练习，都可以纳入基本的力量训练中，作为腿部的补充训练。当建立起良好的举重力量基础之后，就可以负重进行弓步蹲、登台阶和单腿深蹲等练习。使用器械做腿弯举或者利用箱子做提髋练习，可以锻炼腘绳肌，以及除了股四头肌和通过深蹲、弓步蹲、登台阶所练的肌肉以外的其他肌群。直腿跳是锻炼腓肠肌和小腿肌肉的一项动态练习，可以在无阻力或小阻力的情况下用配重背心、哑铃或杠铃的形式进行练习。

针对背部的高阶负重训练包括硬拉、罗马尼亚硬拉和站立负重体前屈。硬拉和罗马尼亚硬拉可以使用重阻力来完成，这两个动作有利于提升背部和臀部的力量。站立负重体前屈是一种针对性强的背部锻炼方法，可以单独锻炼下背部，这些练习都可以提升背部肌肉的力量。

第九章 高校田径走跑类项目训练

第一节 短跑

一、短跑训练的原则

短跑训练应注重各项身体素质的平衡。除了必须进行的与速度相关的技术训练之外，各种类型的力量、爆发力、柔韧、灵活性以及能力的训练，对短跑比赛中的表现也是至关重要的。教师应该考虑关于速度和爆发力项目发展各项运动能力的训练设计。

速度的发展应该循序渐进。要想在比赛中跑得快，在训练中也要跑得快。每个提高速度的计划在训练初期都应该关注加速技术的建立，除非学生已经掌握了如何正确地构建加速模式，否则教师不应期望学生具有良好的高速跑技术。年度训练计划中的绝大多数时间都涉及加速和高速跑技术的训练，这些训练应该在发展速度耐力的训练之前进行。如果速度耐力训练过早进行，那么学生的最大速度能力很可能会受到负面的影响。

短跑是一种技术性要求非常高的项目，因此在日常训练中必须时刻强调运用正确的姿势、保持髋部的大幅摆动和掌握正确的短跑技术。只有不断重复专项技术、动作练习，才会建立起正确的发力顺序和神经肌肉模式。

学生应该逐步掌握以下四种起跑技术，它们是包括起跑的良好加速过程的一个组成部分：一是前倾式起跑；二是三点蹲踞式起跑；三是四点蹲踞式起跑，不用起跑器；四是四点蹲踞式起跑，用起跑器。

虽然短跑的起跑存在正确的技术模式，但每个学生的力量和技术水平各都不相同，当达到一个适当的力量水平时，学生可能需要对起跑技术进行适当的调整。

二、专项技术的考虑因素

在100米跑项目的训练中，速度耐力训练的比例是较低的，因为供能系统的作用不像对较长距离的短跑项目那么重要。在100米跑比赛中，疲劳更多的是指神经疲劳，而不是代谢疲劳。协调性的降低主要出现在效率较差的加速过程中。在100米跑比赛中，最初的20米内会达到最大速度的80%，到30米时，速度已超过最大速度的90%。掌握正确加速模式的学生会持续加速50~60米。在这个阶段，不稳定地发力是导致神经疲劳的主要原因。在训练中应该安排大量的加速技术和最大速度技术练习。完成了足够的加速技术和最大速度技术练习之后，可以开始引入速度耐力训练。短跑项目常犯的错误之一就是过早地进行速度耐力训练。

三、短跑训练注意事项

（一）练习直道途中跑技术应注意的问题

（1）在途中跑训练中，要始终强调上肢与下肢协调配合。

（2）体会自然放松的技术和大步幅技术。

（3）随着技术的不断改进和完善，逐步加快跑速，延长跑的距离。

（二）学习蹲踞式起跑和起跑后加速跑技术应注意的问题

（1）应依据个人特点，不断调整起跑器的位置和抵足板的角度，使双脚对抵足板产生压力。

（2）学习开始阶段，由于技术不熟练，不应过分强调身体前倾，以免摔倒或影响起跑后加速跑动作的连贯性。

（3）学习起跑技术初期应以单个练习为主，听枪声集体起跑练习应放在掌握技术后或教学的后期进行。

（三）学习终点跑技术应注意的问题

（1）终点撞线时，不能跳起撞。

（2）跑过终点后，随惯性逐渐减速，以免发生伤害事故。

（3）多人成组练习撞线时，要把跑速相近的编在同一组，以提高训练效果。

（四）改进和提高全程跑技术应注意的问题

（1）改进和提高全程跑技术，要求各部分技术衔接得连贯自然。

（2）采用接近全力跑的练习方法，切忌过分紧张。

四、起跑训练

起跑应采用一个可以有利于加速的姿势。为了实现这个目的，在出发的那一刻，必须在尽可能短的时间内对两个起跑器踏板施加最大的力量。在起跑姿势上应该注意的主要事项如下。

（一）安置起跑器

3种安置起跑器的方法会导致3种类型的起跑姿势：短式起跑、中间式起跑以及拉长式起跑。无论是哪种姿势，发力腿应始终保持在上方或者离起跑线最近的位置，因为这是最初发力的位置。为了确定哪条腿是发力腿，有些教练会让学生双脚平行站立，然后让他们向前倾倒进行测试。其中的原理是，学生会向前迈出力量较大的腿以避免脸朝下摔倒。还有一种选择是让学生进行单腿跳，哪条腿跳得更远，那条腿就是最有力量的。还有些教练只是让学生尝试一下看用哪只脚发力感觉更舒服。

在短式起跑姿势中，学生靠近起跑线。推荐将前面的起跑器踏板安置在起跑线后大约16英寸的位置，后面的踏板大约在前面的踏板后11英寸的位置。对于中间式起跑姿势，前面的踏板距离起跑线大约21英寸，后面的踏板大约在前面的踏板后方16英寸的位置。拉长式起跑姿势要求将起跑器前面的踏板安置在距离起跑线约21英寸的位置，后面的踏板大约在前面的踏板后方约26英寸的位置。

你可以让学生尝试不同的姿势，但是大多数学生会认为最合适的还是中间式起跑姿势。这种姿势可以让学生使出最大的力量，因为在蹬离起跑器的时候，其从脚尖到头部形成的身体角度在41°~45°，这样有利于转化为更快速度。在从直道起跑的比赛中，要确保学生将起跑器安置在跑道中间，这样学生就不会斜着跑出起跑线。记住，在整个起跑过程中，脚必须始终接触起跑器踏板。在舒服的起跑姿势下，膝关节形成了产生适宜速度所需的角度，因此一旦找到了这个姿势，学生就应该用卷尺测量并记录两个踏板与起跑线之间的精确距离。因为会有许多种不同类型的起跑器，所以这种卷尺在每次练习和比赛中都应作为一个必备的工具。

（二）预备姿势

起跑器踏板的位置应使学生能够做出一个初始预备姿势，随后调整前膝的角度为90°，后膝的角度为120°。学生应给予两个踏板相等的压力，而且应将重心置于双臂上方，这样他们的双臂就会舒适地支撑起他们的体重。双手之间的距离应比肩略宽，大拇指和食指形成桥的姿势。双臂伸直，头部保持一个舒服的姿势静止不动，颈部居中，臀部向上抬起，略微高于头部和肩部。

（三）蹬离起跑器

发令枪响了之后，双脚用力蹬起跑器，并向前上方蹬起，同时双臂快速摆动。应真正地从起跑器跑出去，而不是从起跑器上跳起来，要找到一个爆发性的、流畅的动作。

离开起跑器后，继续保持身体向前倾斜45°前进，将力从地面传递到脚踝、臀部，然后到头部。保持脚尖向上，这样脚才能在落地时做出抓地动作。30米之后，身体逐步变成直立状态，小臂前摆至肩部高度，后摆最多到衣服侧缝的位置，永远不要越过身体的中线。

随着比赛的进行，脚应继续保持抓地动作，逐步提高重心，脚步变轻，同时面部和双臂保持放松。撞线时，跑步者可以前倾身体，或者加速冲过终点线。笔者过去常常会指导学生使用前倾撞线技术，但是笔者发现大多数情况下，学生会稍微减速来准备前倾撞线。现在，笔者会要求学生在减速前或者采取任何其他的动作之前全力冲过终点线。

（四）200米起跑注意事项

从100米到400米，所有的短跑起跑技术、加速阶段以及前几步中身体的倾斜角度本质上都一样，但是在短跑项目中距离越短起跑技术越关键。在较长的200米项目中，学生在弯道起跑。他们需要调整起跑器的位置，令外侧手紧贴起点线，内侧手大约在起点线之后4英寸的位置。起跑器踏板仍然放置在与100米项目相同的位置。

发令枪响后，学生朝向弯道内侧的一个点跑去，沿直线离开起跑器，左肩应略微内倾，右臂的手应刚刚摆过身体的中线。当学生跑过弯道时，切不可跑出分道线，必须跑在弯道的线内。学生的力量水平决定了他们在弯道上的表现，以及在下弯道加速跑进直道时动作是否可控。不管采用哪种方式，目标都是保持姿势和速度通过终点线。

第二节　中跑和长跑

一、800米项目的训练

400米是按照短跑项目训练，因此每次练习都专注于专项训练，以达到这个项目特有的生理要求：大约95%的无氧运动和5%的有氧运动。对于男生来说，这种训练以50秒的成绩为基础；对于女生来说，以60秒的成绩为基础。对于800米组，我们强调超过50%的有氧运动和少于50%的无氧运动，更类似于1600米的训练。

（一）专项训练

以下是笔者在800米项目训练中使用的模型，它是专门针对800米比赛的训练，注意每组训练之后要有5分钟的慢跑恢复。

热身先是以1500～5000米不等的慢跑开始，然后以无氧阈配速跑600～1200米，这相当于学生在800米比赛上个人最好成绩75%～85%的强度。例如，要确定800米个人最佳成绩为2分钟的学生的75%配速，教练应将800米成绩转换为以秒为单位（120秒），然后除以0.75（120秒/0.75=160秒，即2分40秒）。完成热身跑和一些拉伸、技术练习后，学生就为接下来高质量的训练做好了安全准备。

　　长段组第一个长段组通常比最后一个长段组多重复 1 ~ 2 次。学生要完成 2 ~ 4 次 400 ~ 1200 米的训练。教练可能在比赛开始时使用更长的段落（800 ~ 1200 米），而在比赛中期和后期使用稍短的段落（400 米、500 米、600 米或 700 米）。休息间歇通常为 2 ~ 5 分钟，它与间歇跑的长度直接相关。确定休息间歇时间的依据是学生多久能使呼吸频率和心率恢复到静息状态。这一组的训练强度会因比赛的阶段不同而有所不同。

　　短段组在长段组结束 5 分钟后，学生开始短段组的训练。这是一个计时分段，一般持续 3 ~ 5 分钟，重复距离和恢复时间都很短。距离通常为 20 ~ 50 米，休息间歇为 20 ~ 40 秒。对于团队来说，这一组训练最好的组织方式是往返接力跑。这一组的训练要点有 3 个：首先，学生应该在放松的状态下进行冲刺跑；其次，由于休息间歇非常短，这一分段实际上属于有氧部分；最后，冲刺动作能让学生为下一组训练做好准备。

　　冲刺组经过另一段 5 分钟的恢复后，学生就为冲刺组做好了准备。这一组训练模拟比赛最后的冲刺。因为在训练中，我们从来不会尝试付出 100% 的努力（避免受伤和抑制机制），所以学生通常只会付出 95% ~ 98% 的努力。冲刺组的距离为 100 ~ 200 米，重复 1 ~ 4 次，恢复方式是放松走回起点。在比赛时，我们总是在 800 米跑的最后 100 ~ 200 米完成这一段落。由于这一组是在训练课的中间进行，因此学生的肌肉通常已为这个速度做好了充分的准备，同时又不会疲劳到受伤。这一组训练真正注重的是发展爆发力或快肌纤维。

　　短段组接下来从这个短段组开始进行之前两组训练的重复。冲刺组结束，恢复 5 分钟后，我们通常会重复当天第一个短段组的方案。但有时我们也会调整这一组的训练，以使之适合那些看起来有些疲劳的学生。

　　长段组最后一部分是当天的第二个长段组。同样，开始之前需要 5 分钟的恢复时间。通常，这一组比第一个长段组用时更短，因为只重复 1 ~ 3 次，但强度和距离与第一个长段组相同，放松的时间不需要太长，5 ~ 10 分钟就足够了。它应该以 50% ~ 60% 的训练强度开始，并以 20% ~ 30% 的训练强度结束。

　　前几次使用此训练模型时，教练应密切关注他们的疲劳程度，以防止他们在训练中受到不利影响。作为教练，你有权减少部分训练内容来确保产生有利的效果，同样，你也可以根据自己的判断，让学生坚持到放松阶段。

（二）800米比赛注意事项

以下是800米比赛中应该注意的事项。

保持匀速。从生理上讲，800米最高效的配速应该是一种完全均匀的速度。由于比赛导致肾上腺素增加，大多数学生跑第一个200米的速度比剩下3个200米更快。如果教师帮助每名800米学生将比赛分为3部分（300米、300米和200米），这能帮助学生更好地控制前300米的速度，从而使其更匀速、更快地完成800米的比赛。实际上，大多数成功的800米在开始时和冲刺时都跑得很快，而在比赛的中间部分速度相对较慢。但一般来说，学生比赛前半程的速度可能比后半程快5%~10%。

在最后50米保持冲劲。在许多800米比赛中，胜利缘自在最后50米超越对手的力量。

具有良好的比赛意识。首先是能够找到比赛的感觉，能够感觉到自己跑得是否太快或太慢。能知道自己是该在后面跟随跑还是上前领跑，这取决于同组比赛开始阶段的速度。比赛者需要密切注意其他比赛者开始阶段的速度，以采用一些有效的对策。

保护你的空间。在比赛中领先的学生需要确保不会给对手留下足够的超越空间。同样，如果跟随在领跑者身后，学生需要跑在前面学生的外侧肩膀后方，避免被赶超的学生包夹。

谨慎对待突然加速。在800米比赛中，突然加速会耗尽或加快糖酵解的过程，而糖酵解系统正是这个项目的主要能量来源。除了在比赛最后的120米内，应尽量不要突然加速。

了解你的对手。学生应尝试侦察对手的策略，并在比赛之前制定一些应对对手策略的计划。这种比赛需要学生制定一个精心的计划，并在脑子里提前预演。

学会跑好前3~5步。800米比赛的前几步可能是最重要的。如果在比赛开始的10~15秒内进行调整，快速起跑不会消耗他们太多的能量。出发太快的学生总是可以慢下来调整，以进入合适的比赛节奏。这需要大量的训练和比赛经验。

在室内800米比赛中，学生要保持肘部张开。由于室内比赛的弯道很急且跑道狭窄，800米比赛有必要让肘部张开，以保护自己的空间。

沿直线切入内道。在大多数800米比赛的开始阶段，在下第一个弯道进入直道处的抢道线之前，学生需要在自己的分道内跑进。从越过抢道线到直道结束，应该沿着一条直线切向内道。这是最有效率的路线，因为两点之间直线最短。

二、1500～1600米

（一）1500～1600米项目的训练

在制定训练计划时，必须首先确定4～7.5分钟成绩的生理要求（例如性别、年龄和身体机能水平）。虽然1500～1600米项目的要求与800米项目相似，但它们也有较大的区别：更长距离的项目需要的来自有氧能量系统的能量要大于来自无氧能量系统的能量。大多数运动生理学家都认为，1500～1600米项目所需的能量65%来自氧化（有氧）能量系统，30%来自糖酵解（无氧）能量系统，5%来自ATP-CP能量系统。

针对这些供能系统的相应训练包括针对氧化能量系统的中长距离跑，针对糖酵解能量系统的中速至快速的重复训练，以及针对ATP-CP能量系统的更短、更快的短跑训练。

在800米项目训练中使用的许多原则与1500～1600米项目一样。像对800米训练的讨论一样，笔者将列出训练的每个组成部分，但笔者会重点关注这两个项目之间的差异，而不是重复介绍每个方面。针对1500～1600米的专项训练的组成部分与800米的相同，并且每组训练后同样都要进行5分钟的慢跑恢复。

热身的距离可以大于800米项目的热身距离，以满足这一更长距离项目所增加的氧化能量需求。如果时间允许，热身距离可对1英里跑项目的成功训练是一个包括快速重复跑练习、短跑练习和耐力练习在内的正确组合以1～4英里，然后以无氧阈配速跑1次800～1600米。同样，这种热身活动应结合一些专门的拉伸和技术练习，应该让学生为有效的训练做好安全准备。

长段组第一个长段组与 800 米训练相同，但重复的距离可能在 400～2000 米之间变化，重复次数保持不变。对于更长的距离，间歇时间要更长些。

短段组第一个短段组与 800 米训练完全相同。同样，要强调良好的跑步形态和跑的放松技术。

冲刺组也与 800 米训练相同，但重复的距离可能更长，为 150～300 米。这一组训练的目的是通过刺激快肌纤维来增强跑的爆发力。

短段组第二个短段组与 800 米训练相同。通常，教练会在第一个短段组的基础上缩短距离。这是为练习第二个长段组做准备。

长段组第二个长段组通常是由第一个长段组调整而来的，调整可能包括更少的重复次数和更短的分段距离。对于教师来说，监测最后这个分段，确保学生不会产生疲劳的状态非常重要。

放松阶段应该进一步减轻跑的强度。跑完这个距离需要的时间可能比 800 米项目更长，有时需要 10～20 分钟。增加的距离可以增强有氧供能能力和提高步幅效率。

（二）1500～1600 米比赛注意事项

800 米比赛的大多数注意事项也适用于 1500～1600 米比赛。1500 米可以分为 5 个分段，教练可以在 300 米、600 米、900 米和 1200 米处做好标记并制定一个配速计划。这比传统的计取 400 米、800 米和 1200 米处的分段成绩更有效。随着间隔距离缩短，偏离配速的可能性会降低。还有，300 米、600 米和 900 米有位于跑道上的点，很少有其他人会注意到并从此计取各分段成绩。

对于 1500～1600 米，在比赛的 800～1200 米部分通常最难保持专注。因此，对于中长跑来说，在第一个分段不要跑得太快很重要。通常，以均匀配速跑 1500～1600 米项目是最好的，这样在整个比赛过程中可以均匀地消耗能量。

三、3000～5000 米

（一）3000～5000 米项目的训练

从生理学上来讲，3000 米、3200 米和 5000 米项目 80% 的能量来自氧化供能系统。因此，长跑或有氧跑步应占到训练总量的70%～80%，以激活氧化供能系统。

对于年轻学生来说，有氧能力的发展通常是一个较慢的过程。一些研究表明，氧化供能系统直到人们接近30岁或过了30岁才能完全成熟。在发育最快的那一年，女孩对力量训练的反应最好，而男孩是在这之后的一年对力量训练的反应最好。有些女孩早在11～13岁就发育完全了，而男孩可能要到17～19岁才能发育完全。在发育过程中过度使用关节和骨骼会导致损伤，从而延缓发育。

由于长跑的大部分训练都不在跑道上，因此找到比混凝土或柏油路更软的跑步路面对训练会有所帮助。我们尽可能让学生在柔软的小径或泥土路上训练。我们知道，年轻的长跑运动员在骺板尚未发育完全之前，更容易遭受胫痛综合征和应力性骨折的困扰。如果教练密切监测训练的时间或距离，通常可以避免这种损伤。

（二）3000～5000米比赛注意事项

有一些方法可以帮助运动员在赛道上成功地完成长跑比赛，以下是一些提示。

比较保守地跑完比赛的前两分钟。比赛开始阶段的分段成绩最重要。在比赛的早期阶段，肾上腺素的分泌会对调整配速的能力产生负面影响。能量储备会在运动员意识不到的情况下迅速耗尽，使比赛后半程变得更加困难。

如果教练可以在适当的分段位置计时并使用暗号来帮助运动员保持配速，这会对运动员很有帮助。300米或500米的分段要比常规的400米分段效果要好。教师可以使用以下暗号来发出指令：快了，慢了，保持速度。

采用消极的配速战术，即比赛的前半程比后半程跑得更慢，这是非常有效的。如果运动员采用消极的配速战术，在比赛后半程冲刺会更加成功。

避免被包夹。接近比赛终点时，如果运动员紧跟着另一名运动员，他应该跟在领先运动员的外侧肩膀的后侧跑。这可以让他摆脱被包夹的状态，使他在比赛的最后时刻处于进攻位置，准备好超越对手。

比赛时时刻想着最后冲刺。比赛的计划和执行应该集中在最终阶段。

在比赛中领先一次就够了。有能力赢得比赛的学生应该小心，在确定自己不会丧失第一名的位置之前不要领先。

在比赛中应与队友互相配合，这样可以帮助节省体力。跟在队友身后一臂距离内可以让学生保持放松。

进行放松活动。在比赛和高强度训练后，学生有必要进行长时间的放松活动，以便重获有氧效率和平衡。

第十章 高校体育教学中的应急处理——运动伤病与防护

第一节 高校体育教学中应加强运动伤病与防护知识的教学

当前学生运动损伤知识匮乏，运动急救知识储备不足，对运动性病症缺乏了解，具体情况包括以下三点。

一、学生缺乏基本的运动损伤知识，尤其是实用性损伤知识

第一，学生对运动损伤知识的认知度非常低。

第二，学生对闭合性软组织损伤与开放性软组织损伤的知识掌握程度接近，无论是开放式还是闭合性软组织损伤知识的掌握，前三位依次是损伤的原因、种类及症状，对于运动损伤的急救、预防及治疗是学生知识的薄弱环节。同时将闭合性软组织损伤与开放性软组织损伤的知识掌握程度进行对比发现，学生对闭合性软组织损伤的各方面知识掌握程度都低于对开放性软组织损伤的掌握程度。

从实际操作性来谈，相比损伤的种类、原因及症状，更应该做好运动损伤的预防、发生后的急救及治疗。而学生对于预防、急救处理及治疗方式的知识匮乏，反映了学生掌握的运动损伤知识的实用性不足，不利于学生运动损伤的预防及发生后的治疗与康复。

二、学生对于运动损伤的应急处理手法掌握不到位

大学生运动损伤急救知识非常匮乏。被调查的学生中只有将近1/3者

了解运动损伤急救知识，而其余的学生反映不了解运动损伤知识。在体育教学中因为准备活动不充分、着装不适宜、动作错误、运动负荷安排不当、疲劳、注意力不集中、安全意识不足等原因易引发运动损伤，损伤发生后对于损伤的急救处理非常重要，可以保护伤部、止血、防止感染及免受二次伤害，甚至挽救生命。今后，应加强对于急救知识的讲解。

三、学生对运动性病症的知识掌握不足

只有部分学生了解运动性病症，这一比例甚至低于运动损伤急救知识的掌握人数。而运动性病症的发生人数、发生频率较高，应加强预防运动性病症的教学工作。国内高校体育教学体质测试环节时有发生的运动性猝死，更是对学生加强运动性病症必备知识的掌握敲响了警钟。

为了实现体育教育的健康发展，达到学生强身健体的目的，预防运动意外的发生，应针对学生加强必要的运动损伤、运动性病症的基础知识的教学及其实用操作能力的培养。

第二节　高校学生应明确运动损伤相关概念

一、运动损伤的含义

人体在体育过程中所发生的损伤，称为运动损伤。运动损伤的特征在于其是由运动引发的损伤，不同于其他环境引发的损伤，运动损伤有时因为在某类运动中频繁发生，而用运动项目来进行命名，如网球肘、足球踝、篮球膝。

二、运动损伤的分类

（一）按受伤的组织分类

可分为皮肤损伤、肌肉损伤、肌腱和韧带损伤、关节损伤、滑囊损伤、软骨损伤、骨损伤、神经损伤、血管损伤和内脏损伤等。

（二）按损伤组织是否与外界相同分类

可分为开放性损伤和闭合性损伤。

（三）按损伤病程分类

可分为急性损伤（指一瞬间遭受暴力打击）和慢性损伤（急性损伤迁延成的慢性损伤和劳损）。

（四）按伤情轻重分类

（1）伤后仍能按原计划进行训练或不丧失工作能力为轻伤。

（2）伤后不能按原计划进行训练，患部要停止运动或丧失工作能力24小时以上，需治疗的损伤为中等损伤。

（3）伤后完全不能训练或需住院治疗的损伤为重伤。

三、运动损伤的原因

（一）运动专项技术因素

各运动项目都有其自身的技术特点，人体各部位所承担的负荷是不同的，受力也是不均衡的，所以不同的专项运动可能会对其相应负荷重的部位造成各种损伤。例如，篮球运动员膝关节容易受伤，标枪运动员肩部易受伤等。

（二）人体解剖生理因素

人体的结构从解剖和生物力学的角度看，还存在着一些不适宜运动的薄弱环节。这些薄弱环节在有些运动中容易发生损伤，如肩关节的关节盂小而浅，而肱骨头大，周围韧带力量较薄弱，在做肩部的大幅度运动或突然摔倒时上臂撑地，极易造成肩关节脱臼。

（三）思想认识因素

体育运动中发生损伤虽然不能避免，但我们应该认识到这不是一个大概率的事件。运动损伤是可以避免的，作为体育教师，应将防伤防病意识贯穿到教学的各个环节，而作为学生则应有足够的重视，不盲目蛮干、麻痹大意。

（四）准备活动方面的因素

（1）不做准备活动。

（2）准备活动不充分。

（3）准备活动的内容与体育课的内容不相符。

（4）准备活动的量过大。

（5）准备活动距正式运动的时间过长。

（五）技术上的缺点和错误

违反人体解剖结构和生理特点，不符合运动时的生物力学原理，因而容易发生运动损伤。不仅是初学者和学习新动作时容易因错误动作致伤，已熟练掌握技术动作的运动员在身体疲劳或注意力不够集中的情况下，也会因此致伤。例如：做前滚翻时，因头部位置错误引起颈部扭伤；篮球运动中接球时，因手型不正确引起手指扭伤或挫伤；投标枪时，在上臂外展90°、屈肘90°（甚至肘低于肩）的错误姿势下出手，引起肘关节内侧软组织损伤，甚至发生撕脱性骨折等。

（六）运动负担量过大

在安排运动负荷时，对运动人员的年龄、性别、体质、健康状况及运动史等基本情况了解不清，或是没有考虑运动人员是否患病、情绪压力过大、过度疲劳等身体情况时，有可能出现运动强度过大、运动时间过长、运动频率过快的运动负担量过大的问题，易发生运动损伤。

（七）身体机能不良

如进行有氧运动时，运动人员身体机能不良，如心肺机能不佳、柔韧度较差，则易出现运动时人体的供氧量不足、动作僵硬等问题，从而引发运动意外。

（八）动作粗野或违反规则

同场对抗性项目的运动现场，对方运动员的粗野动作、恶意违规等行为，易发生肢体的冲突，引发运动损伤意外。而运动现场安全意识不强，互相的嬉戏打闹等行为也会造成不必要的意外损伤。

（九）场地、服装方面的缺点

运动现场地面凹凸不平，有煤渣、石子等异物；地面太硬或太滑；沙坑未按要求平整；器械年久失修、使用不当；运动中，学生未穿着运动服装或未穿着与运动项目相符的运动服装等都是造成运动伤害事故的潜在原因。

（十）不良天气方面的因素

比如气温过低或过高，阳光晃眼、光线过暗，日照过强、湿度过大，大风、沙尘、飞絮、雾霾等天气原因，也极易引发身体不适、运动损伤。需要注意的是雪天运动应注意预防冻伤和雪盲症的发生。

第三节　高校学生应掌握运动损伤的应急处理方法，具备自救及互救能力

一、对运动中的损伤进行急救的重要意义

在体育教学中因各种原因，可能造成学生运动损伤的意外发生，如肌肉拉伤、骨折、擦伤等。在运动现场对受伤学生进行的临时、紧急性的救治称为运动现场的急救。急救可以起到抢救伤员、避免二次受伤、防止受伤部位感染、减轻痛苦及预防并发症的作用，并为接下来伤员的转运及进一步的医学治疗提供条件。

二、体育教学中出血后常见的应急处理方法

血液是人体的重要组成部分。成人的血量约占人体体重的8%，总量为4000~5000mL，骤然失血总血量的20%~30%左右，就可能出现休克，危及生命。因此，及时有效地止血非常重要。常用的外出血临时止血法如下。

（1）加压包扎止血法：用生理盐水冲洗伤部后用厚敷料覆盖伤口，外加绷带增加血管外压，促进自然止血过程，达到止血目的。用于毛细血管和小静脉出血。

（2）抬高伤肢法：用于四肢小静脉和毛细血管出血。方法是将患肢

抬高，使出血部位高于心脏，降低出血部位血压，达到止血效果。此法在动脉或较大静脉出血时，仅作为一种辅助方法。

（3）屈肢加压止血法：前臂、手或小腿、足出血不能制止时，如未合并骨折和脱位，可在肘窝和腋窝处加垫，强力屈肘关节和膝关节，并以绷带"8"字形固定，这样可有效控制出血。

（4）指压止血法：这是现场动脉出血常用的最简捷的止血措施。用手指压迫身体表浅部位的动脉于相应的骨面上，可暂时止住该动脉供血部位的出血。

根据全身动脉的走行分布，在体表有一些动脉搏动点，即为压迫止血点。

①颞浅动脉：颞部出血，要压迫颞浅动脉，压迫点位于耳屏前上方1.5厘米处，用手指摸到搏动后，将该动脉压在颞骨上。

②颌外动脉：面部出血压迫面动脉，压迫点位于下颌角前下约1.5厘米处，用手摸到脉搏后将该血管压迫在下颌骨上。

③肩膀和上臂出血：可压迫锁骨下动脉，压迫点位于锁骨上窝，胸锁乳突肌外缘，用手指将该动脉向后正对第一肋骨压迫。

（5）止血带止血法：在四肢较大的动脉出血时，通常用止血带止血。

目前常用的止血带有充气止血带、橡皮带止血带、橡皮管止血带。在现场急救中常用的、携带方便的是橡皮管止血带，缺点是施压面狭窄易造成神经损伤。如果无橡皮管止血带，可用宽布带或撕下一条衣服也可应急需。

止血带的压力要适中，既要达到阻断动脉血流的目的又不会损伤局部组织。上止血带的时间要注明，如果长时间转运，途中上肢每0.5小时、下肢每1小时应放松2~5分钟，以使伤肢间断地恢复血循环。放松时应以手指在出血处近端压迫主要出血的血管，以免每次放松后流失大量血液。

三、大学生应掌握急救包扎的手法

通常在止血之后，搬运之前都需要包扎伤处，包扎的一般目的有以下五种：第一，固定敷料、夹板与受伤部位。第二，支托伤部，使伤部舒适安定。第三，止血。第四，保护伤口，减少感染和再受伤。第五，防止肿胀。

（一）常用包扎的材料

（1）敷料：其作用是盖在伤口上，止血、防止感染、吸收渗出液，并保护伤口。在紧急情况下，可就地取材，任何干净、干燥、有吸收性的材料，例如手帕、毛巾、纸巾都可用作敷料。

（2）绷带：由纱布、棉布、弹性绷带与自黏绷带等制成，宽度有2.5厘米、5厘米、7.5厘米、10厘米、12.5厘米、15厘米等规格，使用时视伤口大小及伤处部位选择适当宽度的绷带，以能完成包扎伤处的目的为原则。

（3）三角巾：1平方厘米布料对折为三角形，沿对角线剪成两块三角巾，布料材质可为棉布、麻布，需柔软、坚固、无缝边，它也可当作宽窄绷带使用，以及作为环形布垫使用。

（二）绷带及三角巾的包扎法

1.绷带包扎法

用绷带包扎伤口，目的是固定盖在伤口上的纱布，并有压迫止血的作用，还可以保护患处。

（1）环形包扎法：此法多用于手腕部或肢体粗细相等的部位的保护。首先将绷带做环形重叠缠绕。第一圈环绕稍做斜状；第二、三圈做环形，并将第一圈之斜出一角压于环形圈内，最后用黏膏将带尾固定，也可将带尾剪成两个头，然后打结。

（2）螺旋形包扎法：此法多用于保护四肢中肢体粗细相差不大处。如人体的上臂、大腿中上等部位。先按环形法缠绕数圈。后缠每圈盖住前圈三分之一或三分之二，并呈螺旋形。

（3）转折形包扎法：此法应用于肢体粗细不等处。如上肢的前臂、下肢的小腿部，粗细相差比较大。先按环形法缠绕。待缠到渐粗处，将每圈绷带反折，盖住前圈三分之一或三分之二。

（4）"8"字形包扎法：如果受伤部位为四肢的关节部位，一般采用"8"字形包扎法。以手腕及手掌受伤为例，应先以环形包扎法缠绕手腕，之后向手掌部位缠绕形成"8"字形，缠绕在手指部位时应注意将手指部位甲床暴露，方便包扎后检查包扎的松紧度，防止包扎过紧引发机体缺血。在包扎中依然遵循盖住前圈三分之一或二分之一，由远及近，最后在手腕桡侧停止。

（5）"人"字形包扎法：如果受伤部位为四肢的关节部位，关节包扎后存在角度，一般采用"人"字形包扎法。以手肘受伤为例，应先以环形包扎法缠绕手肘中心位，之后以从肘窝起始点向前臂方向缠绕覆盖肘后，回到肘窝，以肘窝为起始点向上臂方向缠绕覆盖肘后，在包扎中依然遵循后圈盖住前圈三分之一或二分之一，由肘窝处依次向前臂、向上臂缠绕，由近及远。最后在上臂部终止。

（6）反回形包扎法：此法主要应用于肢体的残肢断端的包扎。以手部为例，将手掌握拳，模拟手指损伤后残缺情况，先以环形包扎法缠绕手腕，后将右手的大拇指及四指分别握于伤者手腕处的前侧和后侧，将绷带由手腕向手部中指处缠绕，后返回手腕部用大拇指及四指握住，依次返回手部的大拇指侧回至手腕，由手腕向小指方向缠绕，在包扎中依然遵循后圈盖住前圈三分之一或二分之一，手指进行返回缠绕后，由手指处螺旋向下缠绕后圈盖住前圈三分之一或二分之一，缠绕至手腕处，止于桡侧。

2.三角巾包扎法

三角巾是运动损伤急救包扎的常用材料，制作简单，可取1平方米的正方形白布，依对角线裁开，这样就制作成了两个三角巾。三角巾使用方便，包扎方法容易掌握，且包扎面积大。三角巾不仅是较好的包扎材料，还可固定夹板、敷料和代替止血带使用。

（1）帽式包扎法：帽式包扎法主要是针对头顶部损伤的保护方法。操作方法：将三角巾底边的中点放在额前眉上部，顶角经头顶垂向枕后正对脊柱，再将底边经左、右耳上向后拉紧，在枕部交叉，并压住垂下的枕角再交叉绕耳上到额部拉紧打结。最后，将顶角向上反掖在底边内或用安全针及胶布进行固定。

（2）风帽式包扎法：风帽式包扎法主要是针对头顶部、头两侧颞部等损伤的保护方法。操作方法：将三角巾顶角及底边中点各打一个结。两结的距离参照人体额部到枕部的距离。将顶角结对前额，底边结对枕后，将三角巾放置在头上，收紧。三角巾两腰边叠成宽带向前覆盖下颌，宽带下悬空，另一折叠宽边由下兜住下颌两宽边在枕后结上打结固定。

（3）单眼包扎法：单眼包扎法主要是针对运动中一侧眼部受伤而进行包扎的方法。操作方法：将三角巾折叠为1～3指宽的宽带。包扎者立于受伤者健侧眼一侧的身体外侧，将三角巾宽带按前后3：2的比例持握。三角巾由伤侧耳下折叠后斜向上45°开始包扎，前侧宽带覆盖住受伤眼后停在健侧眼上，并覆盖后方向前宽带向下折叠，折叠后前侧宽带在健侧耳下向上折叠，向后在伤侧耳上与后向前的宽带打结固定。

（4）双眼包扎法：双眼包扎法是用于双眼受伤的保护方法。操作方法：将三角巾折叠为1～3指宽的宽带。两侧等长双手持握由头后枕上向前，左、右两宽带依次覆盖左、右伤眼，后交叉向后在头后枕下打结固定。

（5）下颌包扎法：下颌包扎法应用于对下颌部受伤的保护。操作方法：将三角巾折叠为1～4指宽的宽带，双手等长持握由枕后起始，将一侧宽带覆盖下颌，由另一侧宽带覆盖其下方兜住下颌后在枕后打结固定。

（6）单肩包扎法：单肩包扎法主要用于对单侧肩部受伤的保护。操作方法：将三角巾顶角向后放置于伤侧肩后覆盖住肩胛骨。一侧底角由前覆盖前胸放置在伤者健侧肩下腋窝并压住。将顶角的系带在不移动顶角位置条件下拉至伤侧肩下肱骨上三分之一处缠绕肱骨。后将另一底角向上翻转盖住肩关节在背后与腋下底角打结固定。注意打结处放置软垫防止对伤者产生伤害。

（7）双肩包扎法：双肩包扎法主要用于两侧肩部受伤的保护。操作方法：将三角巾顶角向后正对脊柱披在伤者肩上，将三角巾的两底角由前经腋下向后在顶角上打结固定。将顶角收紧由一侧肩上向前在一侧锁骨外侧半在三角巾上做一假扣固定，将系带拉向另一个锁骨外侧半，在三角巾做假扣，用系带固定。

（8）单胸包扎法：单胸包扎法主要用于一侧胸部受伤的保护。操作方法：将三角巾顶角由伤侧肩缝将底边向外折叠固定在胸下位。将三角巾底边在背后打结，后将肩缝处顶角与下方宽带固定。

（9）双胸包扎法：双胸包扎法主要应用于两侧胸部受伤的包扎。操作方法：将三角巾折叠成等大的燕尾，燕尾的宽度为两侧胸部的距离。将两燕尾向上覆盖住两胸部，顶角与底边折叠处在后打结固定，之后将三角巾顶角系带在一个底角正下方向上与底角打结固定，后将系带向下固定在另一侧底角下，向上与另一底角打结固定。

（10）腹部包扎法：腹部包扎法主要应用于受伤腹部的保护。操作方法：将三角巾由顶角及底边折叠成差异较大的大、小燕尾，大燕尾在外、小燕尾在内将顶角系带与底边折叠处固定，将大燕尾与小燕尾在一侧臀上打结固定。

参考文献

［1］杨凯.田径教学训练与竞赛[M].北京：北京工业大学出版社，2023.

［2］马健勋.高校体育教学与科学训练[M].北京：北京工业大学出版社，2023.

［3］刘晨.高等教育新形态精品教材大学体育理论与实践[M].北京：北京理工大学出版社，2023.

［4］王纯新.体育教学理论与实践研究[M].郑州：郑州大学出版社，2023.

［5］王红震.高等学校公共基础课系列教材大学体育与健康[M].西安：西安电子科技大学出版社，2023.

［6］邹群海.高校田径课设计与教学实务研究[M].北京：中国书籍出版社，2022.

［7］阎帅威.高校田径教学创新与体育教育教学改革研究[M].长春：东北师范大学出版社，2022.

［8］刘海荣.新时代高校体育与健康教程[M].天津：天津大学出版社，2022.

［9］冯琦.高校体育与健康教程[M].西安：西北大学出版社，2022.

［10］曹晓明.高校田径运动理论与实践述论[M].北京：北京工业大学出版社，2021.

［11］何艳君.新时期高校田径运动教学与训练研究[M].吉林出版集团股份有限公司，2021.

［12］李慧.高校体育教学改革与科学化训练研究[M].沈阳：辽宁大学

出版社,2021.

[13] 秦德平.应用型高校体育与健康教程[M].厦门:厦门大学出版社,2021.

[14] 高慧林.现代体育教学创新与运动训练发展研究[M].北京:中国华侨出版社,2021.

[15] 袁晗.高校田径运动训练方法与实践研究[M].长春:吉林人民出版社,2020.

[16] 洪艳玲.高校高水平田径运动队建设与发展[M].武汉:武汉大学出版社,2020.

[17] 杨永芬.高校田径运动教学实践与课程建设研究[M].北京:新华出版社,2020.

[18] 张世榕.大学体育[M].北京:北京理工大学出版社,2020.

[19] 沈竹雅.大学生体育运动与体育文化研究[M].吉林出版集团股份有限公司,2020.

[20] 杨守刚.田径运动教育教程[M].延吉:延边大学出版社,2020.

[21] 马艳.大学体育健康与运动实践研究[M].西安:西北工业大学出版社,2020.